Reihe Urlaub & Freizeit

Bisher sind erschienen:

Kanu/Kajak/Faltboot
Die schönsten Bootsreviere
Wasserski
Windsurfing
Tauchen mit Grundausrüstung
Tauchen mit Preßluftgerät
Traumreviere für Sportfischer
Sportfischen im Meer
Sportfischen in Bach, Fluß und See
Ponyreiten
Das Pony als Hausgenosse
Bergwandern
Bergsteigen
Wandern unter der Mitternachtssonne
Wandern auf Mallorca
Wattwanderungen und Kutterfahrten
Camping-Kochbuch
Der Caravan
Bis der Arzt kommt
111 Spiele bei Regen
101 Spiele draußen
Spieleführer 1
Freizeit-Fotografie
Fossilien sammeln
Tischtennis 1 (Grundlagen)
Tischtennis 2 (Technik und Taktik)
Tischtennis 3 (Training und Wettkampf)
Schach
Skilauf in der Loipe
Skilauf auf der Piste
Skilauf jenseits der Pisten
Trickskilauf 1 (Skilauf für alle)
Trickskilauf 2 (Vom Könner zum Meister)

BUSSE

Weitere Titel in Vorbereitung

Gerhard Honig

Fossilien sammeln

Auf der Suche nach der Welt von gestern

Mit 51 Fotos und Zeichnungen

Bussesche Verlagshandlung GmbH · Herford

Umschlagfoto: Gerhard Honig, Präparieren eines Ammoniten

Abbildung 25 auf Seite 47:
Kartengrundlage Topographische Karte 1 : 50 000 L 3730 (1977). Vervielfältigt mit Erlaubnis des Herausgebers Niedersächsisches Landesvermessungsamt – Landesvermessung – **B** 5 497/80.

ISBN 3–87120–650–4

Lektorat: Klaus-Dietrich Petersen
Satz und Druck: Busse-Druck, Herford
Printed in Germany

Inhalt

Zum Geleit

Liebe Fossilienfreunde,
jeder hat einmal klein angefangen. Auch wenn Sie sich noch nicht kompetent fühlen: Sammeln Sie ohne Scheu munter und unbefangen drauflos; Wissen und Kenntnisse kommen sehr bald. Und die Spezialisierung ergibt sich sozusagen von selbst, weil man nicht weltweit alle Arten von Fossilien sammeln kann. Haben Sie keine Angst vor einem Hobby, das unvermittelt in eine Wissenschaft übergeht! Auch hier wächst der Mensch an seiner Aufgabe.

Es werden Ihnen auf den folgenden Seiten *zwei Zugänge* angeboten: Die allgemeinverständliche *theoretische* Einführung wird von möglichst sofort verwertbaren *praktischen* Anleitungen ergänzt. Das Ziel ist allemal, Freude am Umgang mit Fossilien zu wecken und zu erhalten.

Dabei geht es allerdings nicht ohne *Fremdwörter* ab: Nur so kann man sich auf den verschiedensten Gebieten der Wissenschaft international eindeutig verständigen. Wo es möglich war, geht der deutschsprachige Ausdruck voran, und an vielen Stellen wird auch die fremdsprachige Formulierung erklärt, so daß man die anfangs vielleicht abschreckenden Wortungetüme besser durchschaut.

Also: Nur Mut! Ungelöste Probleme und unentdeckte Fossilien warten auf Sie!

I. Was reizt uns, Fossilien zu sammeln?

> Steine nahmen mich, meine Gedanken, Wünsche und sogar meine Träume gefangen.
>
> *Aleksandr Fersmann*

Am Anfang steht meist das naive Sammeln »bunter«, »schöner« Steine. In die Zufallsformen und -figuren sehen wir Bedeutungen hinein. Eines Tages fällt uns zufällig ein Gestein in die Hand, das uns wegen eines eigenartigen Musters fasziniert: Hat da nicht eine Muschel ihre Schale in steinerner Form hinterlassen? Formen und Farben der Fundstücke lassen uns nicht mehr los: »Die Schönheit solcher Gebilde trifft wie mit Pfeilen unser Herz« (Ernst Jünger).

Wer vom ersten Zufallsfund zum begeisterten, planmäßig forschenden Sammeln übergeht, wird bald durch seine Erfolgserlebnisse eine tiefe Beglückung empfinden. Wacher Spürsinn und viel Glück, das auch hier nur der Tüchtige hat, dazu viel Geduld und Zeit sind nötig.

Das Fossiliensammeln setzt – mindestens anfangs – keine Vorkenntnisse voraus; es ist auch nicht unbedingt an großen materiellen Aufwand für Werkzeuge und Geräte gebunden. Die Begeisterung führt später von selbst zu höheren Ansprüchen. Man nehme sich an der selbstverständlichen Unbefangenheit ein Beispiel, mit der Kinder ins Fossiliensammeln einsteigen! Lernen wir mit ihnen die Sprache der Gesteine! Überrascht werden wir feststellen, daß wir viele Gefährten haben; direkte menschliche Kontakte, Korrespondenzen und gemeinsame Unternehmungen bahnen sich dann an.

Wenn Fossiliensammler die versunkene Lebewelt früherer Erdzeitalter buchstäblich »in den Griff bekommen« wollen, bewahren sie gleichzeitig unwiederbringliche Kostbarkeiten vor dem sonst sicheren Verfall und der Zerstörung. Ehrfürchtiges Staunen vor der »Würde des Gesteins« (Goethe), vor dem Reichtum, der Vielfalt und Schönheit steingewordener Lebewesen bringt uns zu tiefer Ergriffenheit: »Die Welt kriegt mir ein neu ungeheuer Ansehen« (Goethe). Eine Frau berichtet: »Wenn ich einen Stein aufschlage, fühle ich, daß ich die erste bin, die ihn so sieht, wie er vor Millionen Jahren entstanden ist.« Fossiliensammler sind Naturfreunde und sehen die lebendige Verbindung zwischen Fossil, Gestein und Landschaft. Bei der Bewegung in der freien Natur werden Körper- und Geisteskräfte gestärkt. Das Wandern bekommt einen zusätzlichen Wert: das Forschen nach Zeugnissen der Erdvergangenheit.

Amateur-Fossiliensammler haben durchaus Aussicht auf beachtliche Erfolge. Viele hervorragende Kenner haben als interessierte Laien begonnen. Mit geringen Mitteln, aber mit dem Drang zu eigener Leistung, erzielen sie Ergebnisse, die in der Fachwelt volle Beachtung finden. Prof. Gundermann, Rektor der Technischen Universität Clausthal, bestätigt, daß es sich um ein Hobby handelt, das »nahtlos in eine wissenschaftliche Betätigung übergehen« kann. Beispielsweise wäre ohne die Aufmerksamkeit von Laien 1907 der Heidelberger Unterkiefer nicht gefunden worden! Über die bloße Liebhaberei hinaus geht das Fossiliensammeln also in eine wichtige Hilfe für die Wissenschaft über. Wegen der relativ geringen Zahl eingebetteter Organismen, wegen der Zufälligkeit des Auffindens, infolge der geringen Mitarbeiterzahl und des Geldmangels der Institute ist die Laienmitarbeit dringend erforderlich. So hat der Gleisbauarbeiter Wegele aus Kupferzell (Baden-Württemberg) durch seine Funde den Anstoß zur Bergung von 30 000 Funden von Sauriern und Fischen gegeben, die 200 Millionen Jahre alt sind. Darunter waren 22 Schädel des Mastodon-Sauriers, des größten amphibischen Lebewesens aller Zeiten; ein bis dahin unbekannter Dinosaurier-Vorfahre wurde entdeckt. Ein anderer Amateur entdeckte im Sommer 1980 in der Nähe von Stuttgart das Skelett eines 250 000 Jahre alten Elefanten; der Fund kann nun fachgerecht geborgen und ausgestellt werden. Daß die ganze Welt der Fossilsuche offensteht, zeigt sich an dem Fund von 116 fossilen Skeletten, die amerikanische Wissenschaftler 1978 in der Antarktis fanden!

Leider sehen manche Sammler ihre Fossilsuche nur kommerziell. Sie werden nicht von Idealen, sondern nur vom Profit geleitet. Damit schaden sie der Gesamtheit der Fossilienfreunde, weil immer mehr Fundstellen gesperrt werden und so der Allgemeinheit verloren gehen. In der Nähe von Schlaifhausen wurden Felder trotz polizeilicher Bewachung regelrecht geplündert; die französische Polizei hat für das Gebiet des Truc de Balduc bei Mende ein strenges Sammelverbot erlassen, nachdem ein Deutscher unter Einsatz von Sprengstoff einen ausgesprochenen Raubbau an Fossilien in den dortigen Mergelwänden vorgenommen hatte. Der »Sammler« W. H. aus Borken brüstete sich, »in nur wenigen Stunden ca. 1000 Ammoniten« erbeutet zu haben; der Erfolg sei allein durch die »Bückfrequenz« bestimmt gewesen (Mineralien-Magazin 2/80). Gegen skrupellose Beutegänger richten die idealistischen Sammler ihre Aufrufe, zum Wohle der Allgemeinheit von derartigen Raubbaumethoden abzulassen.

II. Was sind Fossilien?

1. Herkunft des Wortes

Die Bezeichnung *Fossilien* geht auf lateinische Wörter zurück: *fodere* ([aus] graben), und davon abgeleitet *fossilis* (etwas, was ausgegraben worden ist). 1546 verwendete Georgius Agricola (Georg Bauer), der Begründer der Mineralogie und der Bergbaukunde, das Wort in seinem Buch »De natura fossilium« in dem weiten Sinn von »Bodenschatz« und meinte damit außer Fossilien auch Mineralien, Gesteine, frühgeschichtliche Werkzeuge und Geräte, also alles Ausgegrabene. 1565 engte Conrad Gesner (»De rerum fossilium«) den Fossilbegriff auf vorzeitliche Organismenreste ein und setzte sich damit international – außer in Deutschland – durch: Bei uns bezeichnete man noch bis ins mittlere 19. Jahrhundert die Mineralien als Fossilien; vorzeitliche Pflanzen- und Tierreste nannte man noch bis zum Anfang unseres Jahrhunderts *Petrefakten* (lat. »zu Stein Gemachtes«, Versteinerungen); erst vor wenigen Jahrzehnten schloß man sich dem internationalen Sprachgebrauch an. Während von Petrefakten kaum noch gesprochen wird, hält sich der Ausdruck *Versteinerungen* hartnäckig; er ist aber zu eng, weil er z.B. Lebensspuren und Abdrücke ausschließt, und auch im ewigen Eis konserviertes Mammutfleisch erfaßt er nicht.

2. Begriffsinhalt

Fossilien sind alle vollständig oder teilweise in ursprünglicher oder veränderter Form überlieferten Reste vorzeitlicher pflanzlicher und tierischer Lebewesen ohne Rücksicht auf ihren Erhaltungszustand. Zu den Fossilien gehören auch Lebensspuren wie Bewegungs-, Wohn-

TERTIÄR	**QUARTÄR**		
	Pleistozän Eiszeiten	**Holozän** Nacheiszeit	heute
	fossil vorzeitlich	*»subfossil«* – historische Zeit –	rezent
	ca. 8150 v.	Chr. Geburt	

und Freßspuren (Körperfossilien, Spurenfossilien).
Chemofossilien sind chemisch nachweisbare Stoffe, die von vorzeitlichen Lebewesen herrühren (z.B. Chlorophyll).

Dagegen sind *Mikrofossilien* keine grundsätzlich anderen Fossilien als die »normalen« *Makrofossilien;* wegen ihrer Kleinheit bedürfen sie lediglich spezieller Untersuchungsmethoden und Bearbeitungstechniken.

»Vorzeitlich« ist alles, was vor unserer geologischen Gegenwart, dem Holozän, liegt (siehe Übersicht). Genau genommen ist demnach ein Blattabdruck, der sich binnen weniger Stunden in kalkreichen Wässern im Kalktuff bildet, *kein* Fossil! Der Laie geht verständlicherweise in der Praxis über diese Unterscheidung hinweg und betrachtet solche Bildungen auch als Fossilien. Der Zweig der Naturwissenschaften, der sich mit den Fossilien befaßt, heißt *Paläontologie* (von griechisch *palaios* alt). Paläontologen liefern vor allem der Geologie und der Biologie wertvolle entwicklungsgeschichtliche Erkenntnisse, indem sie z.B. Zahl, Arten, Aussehen, Lebensweise, Vorkommen, Umweltbedingungen und Abstammungszusammenhänge der einstigen Lebewelt aufklären. Wer als Amateur-Paläontologe Fossilien sammelt, hilft mit, weitere kleine Bausteine in das noch unvollkommene Bild versunkener Tier- und Pflanzenreiche einzufügen.

In den täglichen Sprachgebrauch ist »fossil« eingegangen, wenn wir von Erdöl, Erdgas, Kohle als den fossilen Brennstoffen sprechen; bei Plänen zur Bewässerung von Wüstengebieten spielt fossiles Grundwasser unter der Sahara eine Rolle.

3. Wie sind die Fossilien entstanden?

Im Verhältnis zur Riesenzahl von tierischen und pflanzlichen Lebewesen, die im Laufe von Milliarden Jahren die Erde bevölkerten, ist die Zahl der Fossilien verschwindend gering. Das liegt an den natürlichen Entstehungsbedingungen der Fossilien.

Entstehung der Fossilien: Der Zerstörung im natürlichen Kreislauf der Stoffe fallen zuerst die Weichteile zum Opfer (Fraß, Verwesung). Weichteilfossilien sind besonders selten. Auch die Erhaltung widerstandsfähigerer Körperteile wie Panzer, Schalen oder Knochen ist mehr Glücksfall als Norm, wenn auch auf diesem Wege die meisten Fossilien gebildet werden. Landfossilien sind insgesamt weniger zahlreich und unvollkommen erhalten; Gewässer bieten schnellere, gründlichere und dauerhaftere Möglichkeiten der Einbettung, also bessere Erhaltungsbedingungen. Weltweit sind mehr tierische als pflanzliche Fossilien gebildet worden. Man schätzt, daß höchstens 1 % der pflanzlichen Substanzen und ähnlich wenige Hartteile der tierischen Lebewelt in die Fossilisation eingegangen sind. Davon geht im Laufe der Veränderungsprozesse ein großer Teil wieder verloren, so daß wir nur geringe Reste auffinden.

Fossilisationsmittel: Selten haben sich Organismen durch die Gunst der Umstände lebensgetreu erhalten: Mammutfleisch konnte noch nach 30 000 Jahren eisfossiler Ruhe von Hunden gefressen werden; aus dem Mageninhalt des Mammuts konnte rekonstruiert werden, daß es Frühlingspflanzen gefressen hatte! In wenigen Fällen ist sogar die Originalfarbe der Lebewesen unverändert erhalten geblieben. In aller Regel beeinflussen aber die Einbettungsmaterialien die Lebewesen bei der

Fossilisation, zum Teil sogar bis zur Unkenntlichkeit. Die Fossilien nehmen an allen wichtigen Vorgängen der Gesteinsbildung, der *Diagenese,* teil (*dia* = griechisch durch; *genesis* = griech. Entstehung): *Fossilisation ist Diagenese der Fossilien.*

Bei der Verfestigung bleiben das Gefüge sowie der Mineral- und Stoffbestand im wesentlichen erhalten. Fremdeinwirkungen können den Ablauf empfindlich stören. Die Prozesse verlaufen im Zusammenwirken vieler Faktoren; sie sind zum Teil noch ungeklärt. So untersucht man neuerdings den Anteil des Salzgehaltes an der Fossilisation in den Solnhofener Plattenkalken. Umlaufendes *Porenwasser* laugt die Materialien aus, transportiert gelöste Stoffe als Bindemittel in Hohlräume und leitet eine bruchlose Verformung der Fossilien ein. Der *Druck,* den die aufliegenden Gesteinsmassen ausüben, vertreibt die gespeicherten Wassermengen und bewirkt Setzungen mit der Folge der Formverdrückung: Ton kann auf diese Weise bis auf ein Zwanzigstel seines Ausgangsvolumens schwinden, die Plastizität verlieren, geschiefert und zu festem Gestein, dem Tonschiefer, umgewandelt werden. Dabei werden eingelagerte Fossilien z.B. in Ölschiefern zu Papierstärke zusammengepreßt. Mit zunehmender *Tiefe* werden die eingelagerten Lebewesen auch steigender Temperatur ausgesetzt: Im Durchschnitt nimmt die Wärme je 100 m Tiefe um 3 Grad C zu (geothermische Tiefenstufe). Auch die *Zeitdauer* der Diagenese hat großen Einfluß auf den Ablauf der Wandlung des Gesteins. Keiner der vier Faktoren (Wasser, Druck, Temperatur, Zeit) wirkt allein: Baltische Tone liegen schon 500 Millionen Jahre und sind wegen der geringen Auflast dekkender Schichten nach wie vor plastisch.

Meist sind die Unterseiten der Fossilien (das »Liegende«) besser als die Oberseiten erhalten, die oft vor der Einbettung noch dem schädigenden Angriff von Wasser und Wind und ihrer mechanischen Einebnungskraft ausgesetzt waren.

Je feiner das Einbettungsmaterial, desto getreuer die Bewahrung: Bernsteineinschlüsse (-inklusen) zeigen feinste Härchen von Insekten; Asphaltsümpfe waren riesige, getreu bewahrende Fossilfallen. Der Solnhofener Plattenkalk gibt wegen seiner Materialfeinheit sogar fossile Quallenabdrücke und die Federn der Urvögel erstaunlich getreu wieder.

Umwandlungen der Fossilien: Das einbettende Gestein kann in das Fossil eintreten und die früheren Weichteilräume vollkommen ausfüllen; so kann das Fossil dem steigenden Gebirgsdruck besser standhalten. In den Hohlräumen kann es aber auch zu Mineralwachstum, z.B. von Kalkspat oder Pyrit, als »Sammelkristallisation« kommen. Die fast immer porösen Skelette der Tiere können umkristallisiert werden: Aragonit wird in Kalzit gewandelt; das Fossil wird stabiler. Kalkige und kieselige Skelette und Schalen werden in kohlensäurereichem Wasser leicht aufgelöst. Ist das Gestein noch zu weich, kommt es zum Setzungsverlust des Fossils; im günstigsten Fall sinkt der Abdruck auf den Steinkern (»Skulptursteinkern«). War das Gebirge bereits standfest, so bleibt der Abdruck (die Außenform des Körpers) erhalten; ein etwa vorhandener Steinkern bleibt im Innern. Wasser kann aber auch erhebliche Materialfrachten in das Fossil einlagern: In Sandsteinen und Kalken tritt *Verkieselung* ein (Kieselsäure SiO_2 als Quarz); in Ton bilden sich schweflige Eisenverbindungen *(Verkiesung* durch Pyrit)

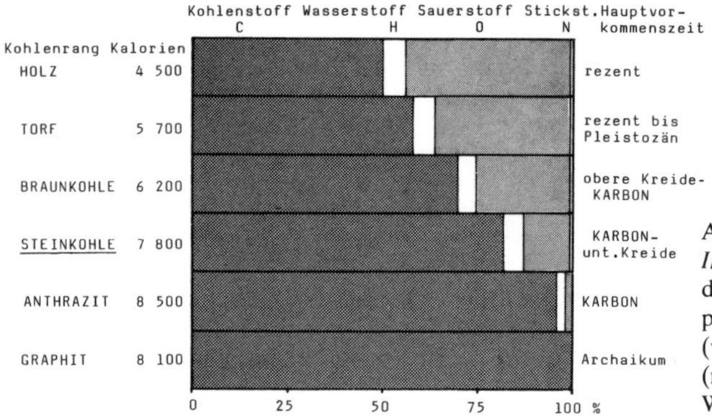

Abb. 1 *Inkohlungsreihe* durchschnittliche prozentuale Anteile (wasser- u. aschefrei) (nach Brockhaus Enz., Wagner u. a.)

oder oxidische Eisenverbindungen (Limonit). Eine große Rolle spielen *Kalkablagerungen;* sogar an der Oberfläche können wir die mächtigen Ablagerungen ausgeschiedenen Kalkes beobachten. Bei Urach hat die Erms 25 m mächtige Kalktuffe aufgebaut.

Oft finden wir (zum Beispiel in den Posidonienschiefern) Fossilien, die nur eine dünne, kohlige Haut zeigen. Die von Torf bis Graphit reichende »Inkohlungsreihe« mit immer stärkerer Anreicherung von Kohlenwasserstoff mit zunehmender Tiefe ist ein Beispiel einer selbständigen Fossilreihe (Abb. 1). Die *Inkohlung* nimmt mit der Deckgebirgsmächtigkeit zu (Hiltsche Regel). Selten fallen Lebensbereich, Todesort und Fossilstätte zusammen. Wegen der Verfrachtung der widerstandslosen toten Tierkörper kommen mitunter eigenartige Totengesellschaften wie beispielsweise die »Belemnitenschlachtfelder« zustande. Muscheln werden kaum in Lebensstellung zweiklappig im Schlamm gefunden; ihre Schalen liegen einzeln mit der Wölbung nach oben. Auch hier ist also bei Aussagen über Lebensgemeinschaften größte Vorsicht geboten. Im Holzmadener Plattenkalk fand man verkohltes Treibholz in einer Seelilien- und Austernkolonie; wahrscheinlich hat eine strudelnde Meeresströmung diese ungewöhnliche Ansammlung verursacht.

4. Grundformen der Fossilien (Abb. 2)

Echte Versteinerungen liegen vor, wenn die Hartteile in Schalenerhaltung in ursprünglicher Form wie bei Zähnen, Hornteilen und Schalen oder in körperlicher Erhaltung nach Diagenese durch Ersatz ihrer organischen Stoffe durch anorganische erhalten blieben.

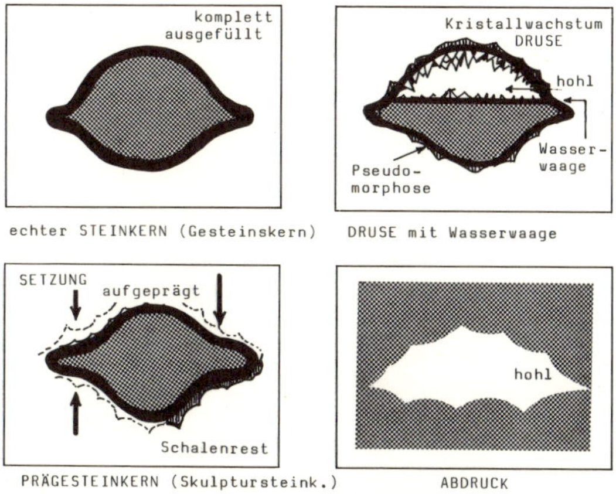

Abb. 2 Grundformen der Fossilien (I) (Schnitte, schematisch)

Beim *Steinkern* (Gesteinskern) hat das einbettende Material auch den Hohlraum ausgefüllt, den zu Lebzeiten des Tieres die Weichteile eingenommen haben (siehe S. 15). In nicht völlig gefüllten Hohlräumen wuchsen oft Kristalle zu herrlichen Drusen. Bei unvollständiger Füllung und Auskristallisierung zeigt der Flüssigkeitsspiegel die damalige Lage des Fossils wie eine Wasserwaage an. Echte Steinkerne sind bei Ammoniten, Schnecken und Muscheln sehr häufig anzutreffen. Eine Sonderform des Steinkerns ist der *Prägesteinkern* (Skulptursteinkern): Wird die Kalkschale aufgelöst und ausgespült, sinkt das noch weiche Einbettungsgestein mit dem Muster der Außenstruktur der Schale auf den Steinkern nieder und wird ihm aufgeprägt. Sinkt das schon standfeste Gestein nicht auf den Steinkern, so bildet sich zwischen Abdruck der Schale und dem Steinkern ein Hohlraum in Schalenstärke; der Kern wird zum »Klapperstein«. Wird dagegen der Raum zwischen Abdruck und Steinkern (Schalenstärke) nachfolgend auskristallisiert, sprechen wir von einer *Scheingestalt* (Pseudomorphose); damit bezeichnet man oft auch die Steinkerne für sich allein.

Abdrücke zählen zu den häufigsten Erhaltungsformen der Fossilien. Neben Hartteilen können auch Weichteile ihre Abdruckspuren hinterlassen; sie selbst können bei den nachfolgenden Gesteinsbildungsprozessen völlig verlorengegangen sein. Abdrücke sind also Negative der Lebensformen. Beispiele mit erstaunlich genauer Wiedergabe der Einzelheiten sind die Schuppen- und Siegelbaumrinden aus den Steinkohlenwäldern des Karbon und die feinen Zeichnungen von Ammoniten.

Ein *Prägeabdruck* entsteht, wenn die Innenseite einer Schale nach außen ge-

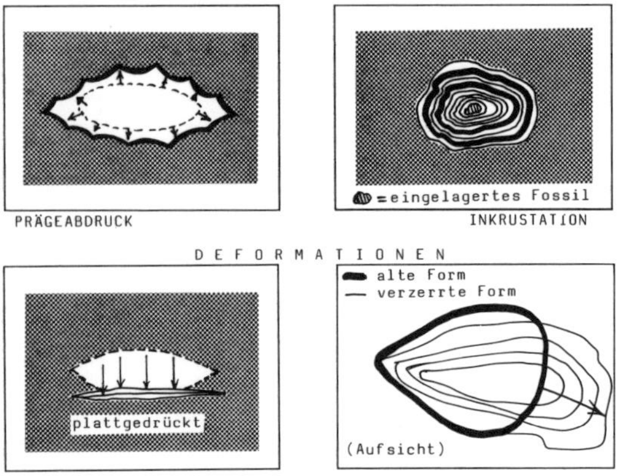

Abb. 3
Grundformen der Fossilien (II) (Schnitte; eine Aufsicht, schematisch)

drückt und dem Abdruck aufgeprägt wird (Abb. 3). *Inkrustationen* (vom lateinisch *incrustare* = überziehen) bilden sich, wenn Minerallösungen Krusten um ein Fossil gelegt haben. Die Umhüllungen können ein Vielfaches der Größe des auslösenden Fossils erreichen (dem Wachstum der Naturperle vergleichbar). Das Fossil kann auch als Klapperstein in der Kruste gefunden werden. Eine Sonderform der Verkrustung erfolgt von innen (lateinisch *intus* = von innen, deshalb *Intuskrustation):* Die ausgeschiedenen Mineralien ersetzten mindestens teilweise die Pflanzensubstanz von innen her und füllten die Hohlräume. Die dunkle Färbung rührt daher, daß einige organische Stoffe in kohliger Form verbleiben. Meist handelt es sich wie bei den »versteinerten Wäldern« um Verkieselungen.

Deformationen von Fossilien sind die Folge von Teilnahme nachgiebiger Teile oder ganzer Fossilien an Setzungserscheinungen der Einbettungsgesteine. Die einfachste Verformung ist das Flachdrücken in waagerechter Lage; oft finden jedoch vielfältige Verzerrungen statt, so daß die Endform nicht mehr mit der Ausgangsform übereinstimmt. Man kann an den Verformungsverläufen die »Arbeitsrichtung« der Gesteinsdecke ablesen.

5. Sonderformen der Fossilien

Inkohlung ist eine wichtige Form der Fossilisierung (vor allem bei Pflanzen): Unter Sauerstoffausschluß werden organische Bestandteile immer stärker gegen Kohlenstoff ausgetauscht (vgl. die Inkohlungsreihe in Abb. 1). Inkohlte Pflanzenreste kommen in hervorragender Erhaltungsqualität auch in Tonschichten vor.

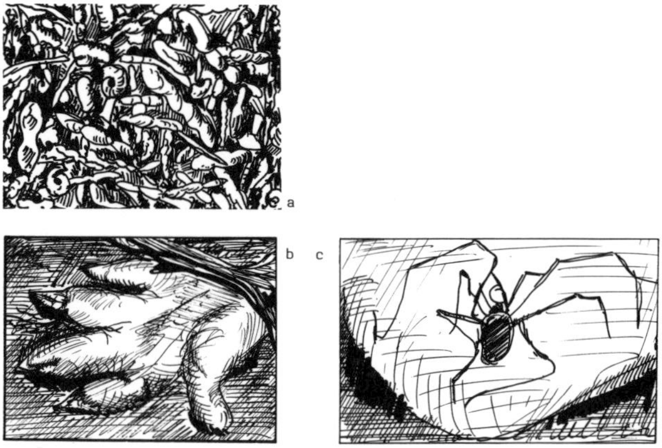

Abb. 4
Sonderformen der Fossilien

a) Mikrofossilien aus 32 m Tiefe (Offenbach; stark vergrößert) nach einem Foto des Hessischen Landesamtes f. Bodenforschung
b) Fährten-Abguß des »Handtieres« (Chirotherium), Hildburghausen
c) Bernsteineinschluß einer Spinne (Weberknecht)

Spurenfossilien (Abb. 4) überliefern keine Reste früherer Lebewesen; es handelt sich vielmehr um Spuren ihrer Lebenstätigkeit: Fährten, Kriechspuren, Schleifspuren, Fraßmäander, Mahlzeitenreste, Kot- und Magensteine, Wohnbauten und Grabgänge. Die Fortbewegungsspuren wurden in zähplastischem Material hinterlassen und häufig durch Ausguß auf der Unterseite des nachfolgenden Deckmaterials abgeformt. Der Paläontologe kann aus Spurenfossilien wichtige Schlüsse auf das Leben der Spurenerzeuger ziehen. Es wurden schon Tiere anhand ihrer Spuren rekonstruiert, bevor man sie selbst als Fossil fand. In Solnhofen führten fossile Spuren auf die Lagerstätte des dazugehörenden Fossils!

Mikrofossilien haben mit den Fortschritten der Bohrtechnik (vor allem bei der Ölsuche) immer größere Bedeutung erlangt. Fossiler Blütenstaub (Pollen) dient zur Rekonstruktion früherer Pflanzenkleider (Pollenanalyse).

Bernsteineinschlüsse bewahren fossile Lebewesen in bewundernswerter Erhaltungsgüte. Meist handelt es sich um Insekten. Rund 1000 Käferarten sind fossil im Bernstein nachgewiesen worden. Das Harz des Bernsteins konnte aber den Zerfall der organischen Substanz trotz Luftabschlusses nicht immer verhindern: Als man Bernstein auflöste, um das Fossil zu »befreien«, löste sich alles in Nichts auf . . .

Chemofossilien treten als Aminosäuren ehemaliger Organismen (z.B. als Glutaminsäure) oder als organische Farbstoffe auf. *Wellenfurchen* (Rippelmarken) werden genau wie fossile *Regentropfen* durch Abgußmaterialien konserviert und überliefert, wie es auch mit den Bewegungsspuren geschieht. Manchmal tragen die Rippelmarken auf ihren »Wellenbergen« Regentropfen-

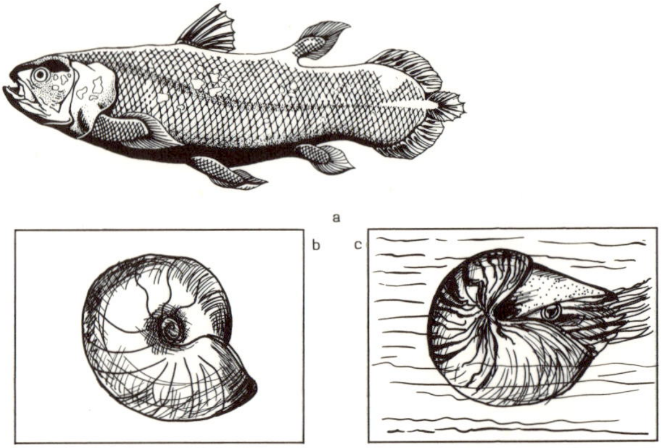

Abb. 5
»Lebende Fossilien«
a) Quastenflosser
b) Nautilus (fossil)
c) Nautilus (rezent)

spuren; dann stand zur Zeit ihrer Entstehung noch restliches Wasser in den Wellentälern. Solche Bildungen sind keine Fossilien im strengen Sinne.

»Lebende Fossilien«: Einige Pflanzen- und Tierarten haben über Jahrmillionen hinweg keine grundlegende Weiterentwicklung durchgemacht. Sie ragen als stammesgeschichtliche Dauertypen (»Konservativtypen«), als »lebende Fossilien« in unsere Zeit hinein. An sich schließen sich die Bezeichnungen »lebend« und »fossil« aus.

Schon Darwin hat den ostasiatischen Gingkobaum (Gingko biloba) als »living fossil« erkannt. Lebende Fossilien halten sich in engen Rückzugsräumen ohne Verbindung zu Artverwandten. Beispiele sind das »Perlboot« (Nautilus), der Mammutbaum (Sequoia) und der Quastenflosser (Abb. 5). Aus solchen Fischen entwickelten sich vor rund 350 Millionen Jahren die ersten Landwirbeltiere, die Lurche. Noch heute können Quastenflosser vor der Küste Ostafrikas gefangen werden.

6. Leitfossilien

Leitfossilien sind solche Fossilien, die für bestimmte Epochen der Erdgeschichte kennzeichnend sind. Sie dienen als Zeitmarken, weil sie zeitgleich mit den Einbettungsgesteinen entstanden sind. Abb. 7: Beispiele aus dem Tertiär.

Voraussetzungen für die Eignung als Leitfossil:

- gute Bestimmbarkeit (möglichst auch von Bruchteilen)
- zahlreiches Vorkommen mit stürmischer Entwicklung
- Verbreitung über große Flächen (horizontale Verbreitung)
- Lebenszeit in engen zeitlichen Grenzen, Kurzlebigkeit (geringe vertikale Verbreitung)

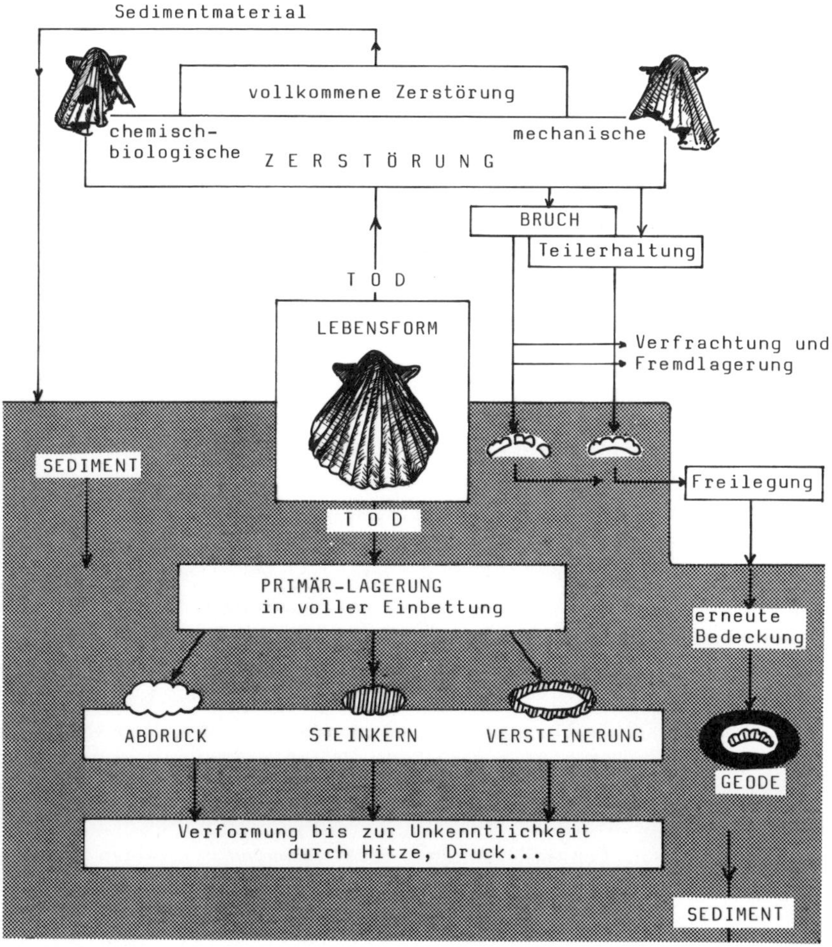

Abb. 6 *Fossilisationsschema* nach Thenius, Lehmann abgewandelt

Wirbellose Meeresbewohner, vor allem Hochseebewohner, eignen sich wegen ihrer Lebensweise, des Körperbaus und der guten Erhaltungsbedingungen im Meer besser zum Leitfossil als Landbewohner. Ideal sind massenhaft auftretende, kurzlebige Vertreter der Hochseetierwelt. Tierfossilien eignen

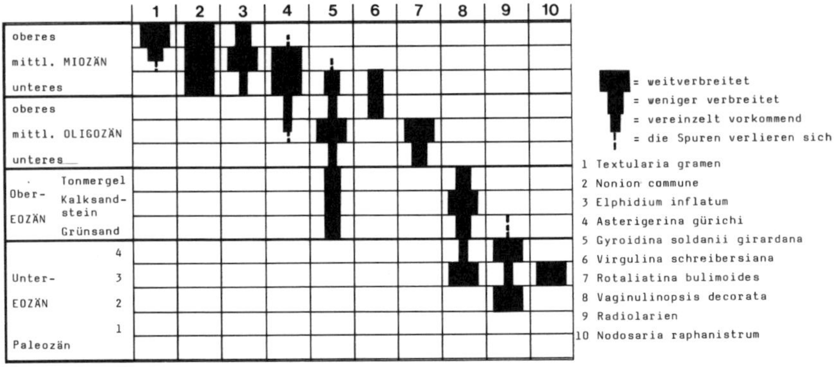

Abb. 7 Einige tertiäre Mikro-Leitfossilien in ihrer zeitlichen Verteilung (nach Bohrergebnissen der SHELL-AG)

sich besser zum Leitfossil, weil sie zahlreicher, gleichmäßiger und artenreicher als Pflanzenfossilien verbreitet sind; letztere leiten lediglich unter besonderen Umständen (z.B. in Steinkohlenflözen).

Ein markantes Beispiel für massenhaften Fossilanfall mit guten Leitfossil-Eigenschaften geben die mächtigen Bänke, die die Seelilie Marsupites testudinarius aufgebaut hat: 10 cm dieses Kalkgesteins brauchten rund 10 000 Jahre Wachstumszeit! Bei der Prüfung der Eignung zum Leitfossil müssen große Fossilienmengen (Populationen) gesichtet werden; nach F. A. Schilder mußten beispielsweise zum Nachweis von 60 Arten rund 50 000 Einzelfossilien ausgewertet werden.

Einige Arten haben eine ungewöhnlich lange Vorkommensdauer. Die *Brachiopoden* reichen mit ihren Gattungen *Lingulella* und *Lingula* schon aus dem Kambrium, also über 500 Millionen Jahre, zu uns herüber (Abb. 8); unsere heutige *Lingula* unterscheidet sich nicht wesentlich von den Fossilformen. »Kürzere« Erstreckungszeiten liegen bei einigen Hunderttausenden oder bei Millionen Jahren. Entweder starben die Tiere plötzlich aus (vgl. Trilobiten in Abb. 8), oder sie entwickelten sich markant weiter. Primitive Tiere verharrten bei ihren Urformen, während eine Höherentwicklung auch Mannigfaltigkeit der Körperformen einschloß: »einfache« *Ammoniten* gehören älteren, »komplizierte« jüngeren Schichten an.

Auf den folgenden Seiten werden zwei der klassischen Fossilien dargestellt; sie werden dem Sammler auf den Fundstätten und in den Sammlungen häufig begegnen.

Die **Belemniten** sind Verwandte der heutigen Tintenfische. Sie gehören zu den Kopffüßern. Der Name kommt aus

Klassische Leitfossilien unter den Großfossilien (Makrofossilien)

Armfüßer (Brachiopoden)	Paläozoikum, Mesozoikum
Stachelhäuter (Echinodermen)	Paläozoikum, Tertiär
Dreilappkrebse (Trilobiten)	Kambrium bis Silur
Kopffüßer (Cephalopoden)	
Ammoniten	Silur bis Kreide
Belemniten	Jura bis Kreide
Nautiloideen	Altpaläozoikum
Schnecken (Gastropoden)	Tertiär bis Quartär
Muscheln (Lamellibranchiaten)	Tertiär bis Quartär

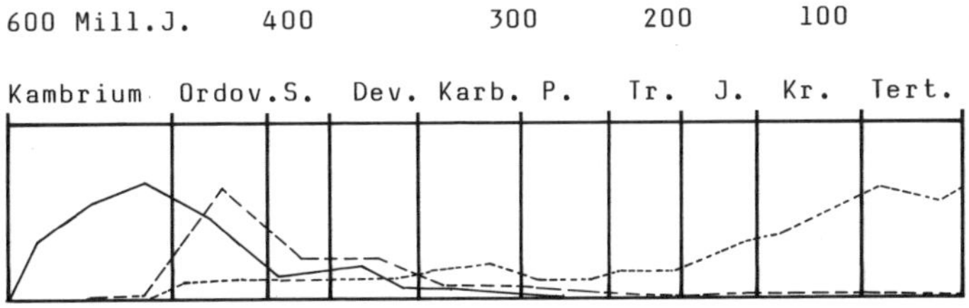

—— = Trilobiten ("Dreilapper")
– – – = Nautiloidea
------ = Gastropoden ("Bauchfüßer")

Abb. 8 Auftreten und Entwicklungshöhepunkte einiger wirbelloser Meeresbewohner (nach House)

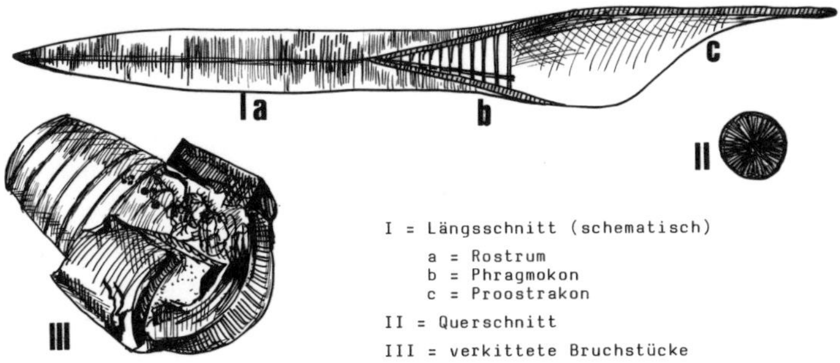

Abb. 9 *Belemnit*

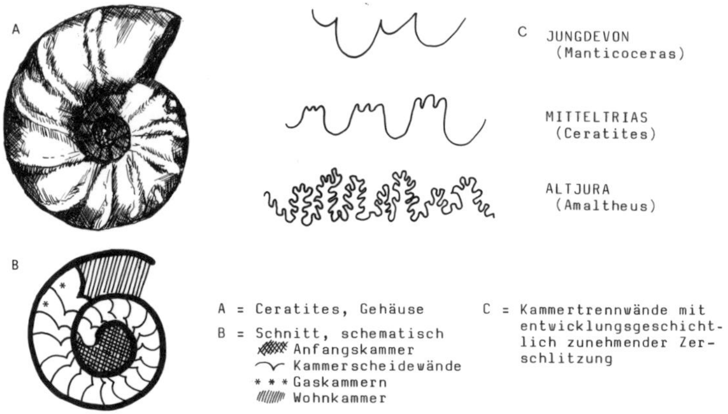

Abb. 10 *Ammoniten*

dem Griechischen: *belemnon* = Blitz, das Geschoß, also »die wie ein Geschoß Aussehenden«. Ihre versteinerten Spitzen, die sogenannten *Rostren* (von lateinisch *rostrum* = Schnabel; vgl. Abb. 9), sind im allgemeinen Sprachgebrauch als »Donnerkeile« oder »Teufelsfinger« gut bekannt (siehe Abschnitt III).

Häufig ist das Rostrum der einzige Fossilrest des Belemnitentieres. Die ebenmäßig geformte Spitze besteht aus radialstrahligem Kalzit mit schmutziggrauer Färbung. Sehr häufig kommt die ebenmäßig-zylindrische oder kegelförmige, sich zur Spitze verjüngende Form des Rostrums vor.

Der Donnerkeil schließt als weiteren Körperteil ein Schalenstück ein, den *Phragmokon.* Er entspricht dem gekammerten Gehäuse der Ammoniten. Beim Tod des Tieres fiel er sehr leicht ab und wird deshalb seltener intakt aufgefunden. Querwände, die *Septen,* unterteilen den Phragmokon in Kammern, die wie Schüsselchen ineinanderliegen, die nach außen größer werden. Eine Längsröhre verbindet alle Kammern, die Septen durchbrechend.

An den Phragmokon schließt sich eine körperstützende Kalkplatte an, das *Proostrakum.* Dieses Stück ist selten fossil erhalten. Manchmal findet man außer diesem schulpartigen Körperteil auch den Tintenbeutel mit versteinerter Tinte, der Sepia. Komplette Belemniten-Fossilien wurden noch nicht gefunden. Jüngst aufgetauchte Exemplare waren Fälschungen (siehe S. 36 f.). Man fand Donnerkeile von 50 cm Länge.

Die **Ammoniten** (Ammonshörner, nach dem mit gewundenen Widderhörnern dargestellten Gott Ammon = der Verborgene) dürften die bekanntesten, beliebtesten und begehrtesten Fossilien sein (Abb. 10). Dazu hat sicher neben dem häufigen Vorkommen, den oft

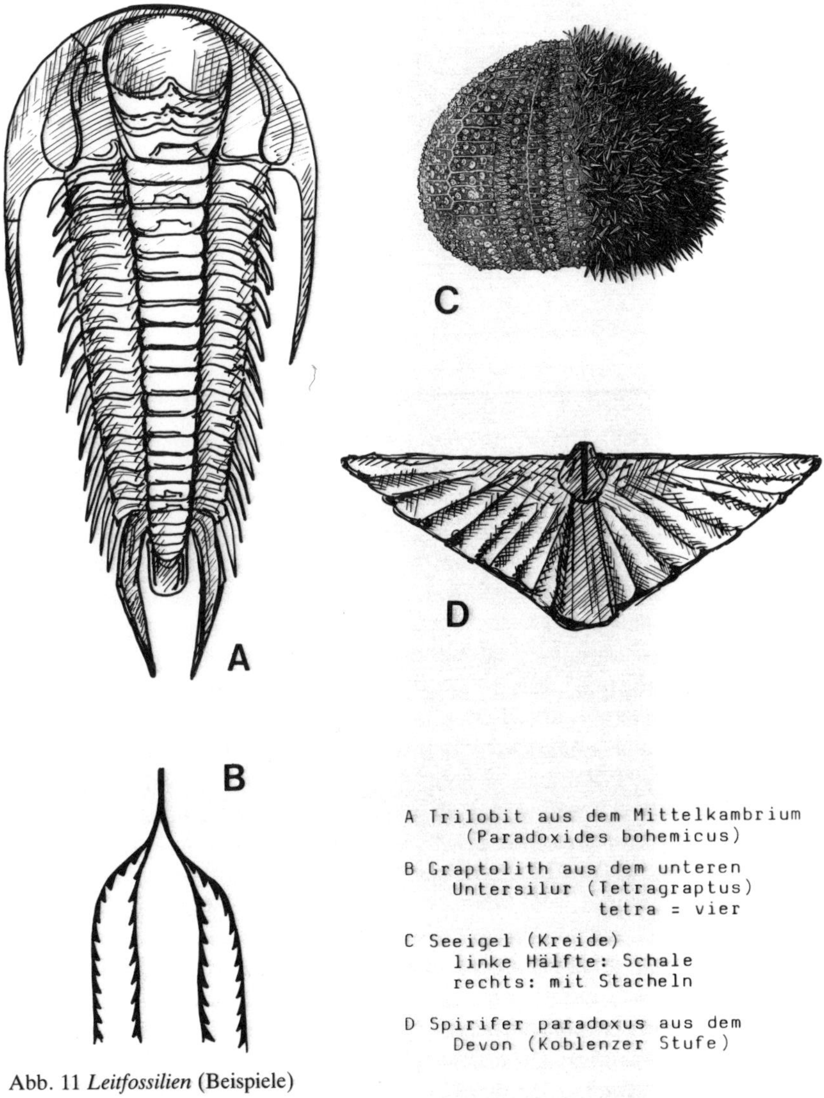

Abb. 11 *Leitfossilien* (Beispiele)

günstigen Bergungsbedingungen und dem guten Erhaltungszustand die Schönheit ihrer Gesamt- und Einzelformen beigetragen. Klare Rundungen, Vielfalt und Ebenmaß der Gestaltung erreichen ein seltenes Maß ästhetisch wohltuender Vollendung.

Es handelt sich bei diesen vorzüglichen Leitfossilien um die meist spiralig eingerollten Gehäuse schwimmender Hochseetiere, einer Unterklasse der Schalenkopffüßer. Die nächsten noch lebenden (rezenten) Verwandten sind die Tintenfische; rezente Arten verhalten sich zu den fossilen wie 730 zu 10 500!

Gestreckte, gerade Ammoniten erreichten bei einem Durchmesser von 60 cm eine Länge von 4,5 Metern! Eingerollte Ammoniten konnten wenige Millimeter, andere mehr als zwei Meter Durchmesser besitzen. Der größte bekannte Ammonit brachte es auf ein Durchmaß von 255 cm; erhalten blieben 180 cm (Fund bei Seppenrade/Münster). Die ergiebigsten deutschen Ammoniten-Fundstätten liegen in der Schwäbischen und in der Fränkischen Alb.

Die Kammerscheidewände (Septen) treffen am Rand gewellt auf die Gehäusewand. Die Verwachsungsnaht ist entsprechend stark gewellt (Suturlinie); rückwärts (ins Innere der Rolle zeigend) laufen die Ausbuchtungen (Loben) meist spitz zu, während die nach vorn (außen) schwingenden »Sättel« gerundet verlaufen. Die Feinheit dieser Linien erreicht den Grad kunstvoller Ziselierungen und ist ein wichtiger leitfossiler Anzeiger.

III. Die Paläontologie – ein junges Kind der Wissenschaften

Von vorwissenschaftlicher Auffassung zu wissenschaftlicher Erkenntnis

Die Paläontologie bildete sich erst um 1800 als Zweig der Naturwissenschaften heraus; Fossilien waren aber vielen Menschen weit früher bekannt. Wissenschaftliche Bewertung der Fossilfunde gelang jedoch erst in den beiden vergangenen Jahrhunderten.

Altsteinzeitliche Funde bei Stetten/Württ. ergaben, daß die Menschen vor rund 100 000 Jahren fossile Muschelschalen als Schminkschalen verwendeten. Fossile Schmuckschnecken wurden mit rezenten als Ketten getragen; bei Leningrad fand man eine regelrechte Fossiliensammlung aus der Jungsteinzeit!

Großtier-Fossilfunde haben schon früh die Phantasie der Menschen angeregt: Drachen und Riesen fanden Eingang in die Sagen- und Märchenwelt. Funde eiszeitlicher Zwergelefanten auf Sizilien lassen an den elefantentragenden Vogel Greif denken.

Im Altertum hatten vor allem die Griechen die wahre Natur der Fossilien erkannt: Herodot bewertete sie als Lebewesenreste und leitete aus binnenländischen Meeresfossilien die frühere Meeresbedeckung des Landes ab. Leonardo da Vinci erkannte in der Po-Ebene beim Kanalbau die frühere Überflutung an den aufgefundenen Meeresfossilien. Die richtigen Ansätze konnten sich aber im Mittelalter nicht durchsetzen; noch bis ins 16. Jahrhundert hielt man die Fossilien für Naturspiele, die eine im Urschlamm tätige schöpferische Kraft wachsen ließ. Durch die *Sintfluttheorie* der »Diluvianer« (Diluvium = Überschwemmung; *alte* Bezeichnung für das Eiszeitalter; heute: Pleistozän) wurde zwar das Fossil als Lebensüberbleibsel anerkannt; erkenntnishemmend war aber die Auffassung, daß nachfolgende Lebewelten wie durch erneuten Schöpfungsakt nach

Abb. 12 *Andrias Scheuchzeri* nach dem Abdruck im Öhninger Plattenkalk (Obermiozän) 1 m natürliche Größe

katastrophalem Untergang der vorangegangenen auf die Erde gekommen seien.

Der erfolgreichste Diluvianer, der Arzt und Naturforscher Johann Jakob Scheuchzer, fand 1726 bei Öhningen/Bodensee ein »Beingerüst eines verrückten Menschenkindes, um dessen Sünde willen das Unglück über die Welt hereingebrochen« sei. Er nannte das etwa 1m große Wesen »Homo diluvii tristis testis« (Mensch, Zeuge der Sintflut). 100 Jahre später wurde der Fund als fossiles Skelett eines Riesensalamanders erkannt (Abb. 12).

Erst langsam setzten sich noch heute gültige Erkenntnisse durch. So begründete Nicolaus Steno das Lagerungsgesetz: Bei ungestörter Lagerung finden wir jüngere Schichten *auf* älteren. William Smith (1769–1839), »Schichten-Smith« genannt, erkannte als Kanalbau-Ingenieur, daß es eine bestimmte, wiederkehrende Schichtenfolge bei der Lagerung der Gesteine gibt. So wurde er zum Begründer der Schichtenkunde (Stratigraphie).

Die Grundlagen der modernen Paläontologie legten die Wirbeltierfossilien-Forschungen des französischen Zoologen Georges Cuvier (1769–1832). Die Erfassung und Beschreibung der Fossilien nahm stark zu, und mit Fossilien wurde ein schwunghafter Handel getrieben: »Kein Pferdshandel wird je mit solchem Eifer abgeschlossen, mit solchem Aufgebot aller Beredtsamkeit und Entfaltung aller Künste und Kniffe als der Saurierhandel, und keiner erfordert neben genauer Kenntniß der Stücke so viel Schlauheit, um nicht, da ohnehin die Katze im Sack verkauft wird, zu Schaden zu kommen.« (O. Frass: Vor der Sündfluth, 1866).

Den größten wissenschaftlichen Fortschritt stellte Darwins Abstammungslehre dar: Die Fossilkunde konnte die Lehre von der Veränderlichkeit der Arten und der schrittweisen stammesgeschichtlichen Weiterentwicklung (Evolution) erfolgreich stützen. Darwin selbst hatte in den Hochanden Meeresfossilien erforscht.

Das 20. Jahrhundert brachte die intensive Erforschung der Fossilien ganzer Erdteile. Sternberg sen. und jun. gingen regelrecht auf Fossiljagd und entdeckten beispielsweise Mumien von Dinosauriern in der Oberen Kreide von Wyoming, die so fein eingebettet waren, daß sogar die Struktur der Muskeln erhalten blieb. Die letzten Jahrzehnte führten die Paläontologie zu starker Spezialisierung. So befaßt sich die Palökologie mit fossilen Lebensgemeinschaften, ihren Zusammensetzungen und Abhängigkeiten von der damaligen natürlichen Lebenssituation. Der Massenanfall von Fossilien, die verbesserten Untersuchungsmethoden, wie z. B. Röntgenaufnahmen und neue Betrachtungsweisen und Aufgabenstellungen, haben die Paläontologie stark gefördert.

Der kurze Blick auf die geschichtliche Entwicklung der Wissenschaft von den Fossilien zeigt, daß wir Zeugen einer stürmischen Entfaltung sind. Durch unsere Sammeltätigkeit können wir Anteil daran haben, Lücken im Bild des Lebens auf unserem Planeten zu schließen.

1. Fossilien im Volks- und Aberglauben

Seit Urzeiten versucht der Mensch, Erscheinungen seiner Lebewelt zu deuten, die er (noch) nicht naturgesetzlich erklären kann. Dieses »Für-wahr-Halten« vorwissenschaftlicher Deutungen hat auch in der Fossilienkunde üppige Blüten getrieben. An Fehlbeurteilungen wurde beharrlich festgehalten, und

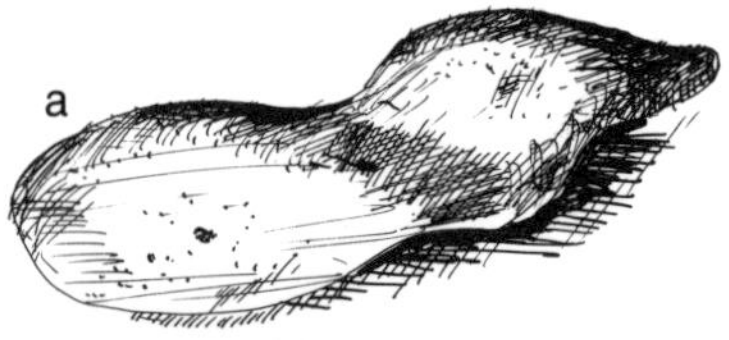

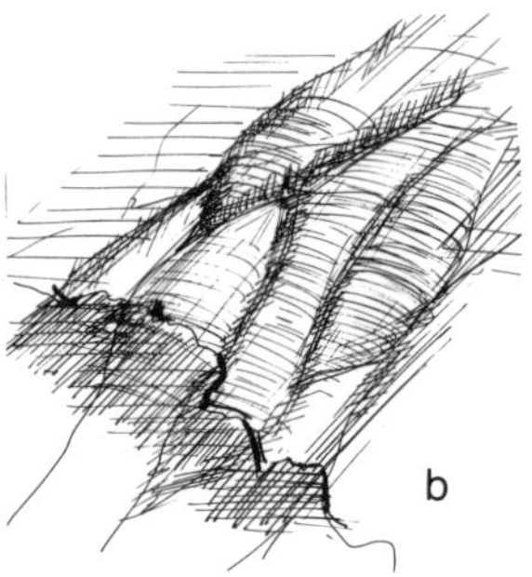

a) Lößkindel (Kaiserstuhl)
b) Rippelmarken im unteren Buntsandstein (Beienrode/DORM)
c) Schuppenbaum (Lepidodendron), Rindenstück

Abb. 13 *Fossilfehldeutungen* (I)

auch heute ist niemand vor Irrwegen in der Fossilienbeurteilung sicher.

Scheinfossilien (Pseudofossilien) sind reine Zufallsergebnisse der Gesteinsbildung oder -verwitterung. Bizarre Felsgebilde verleiten uns, ihnen phantasievolle Namen zu geben: »Lokomotive« im Elbsandsteingebirge; »Triumphbogen« im »Chaos de Montpellier-le-Vieux«, dem Kalkfelsengewirr östlich Millau; »Zwölf Apostel« im Altmühltal bei Solnhofen.

Konkretionen (lat. *concretio* = Verdichtung) im Lößboden sind solche Zufallsbildungen: Einsickerndes Niederschlagswasser wäscht den gelösten Kalk in die Tiefe, wo er sich knollig absetzt. Bei Waiblingen hat Löß einen Kalkgehalt von 22 Prozent, der Lößlehm 2 bis 4 Prozent, die Konkretion aber bis zu 63 Prozent! Lößkonkretionen ähneln Kartoffelknollen und oft kleinen menschlichen Figuren, daher die Bezeichnungen »Lößkindel«, »Lößpuppe« und »Lößmandl« (Abb. 13). In den Lößgebieten (z.B. Kaiserstuhl und im Schwarzwaldvorland) sieht man sie häufig in bäuerlichen Vorgärten aufgestellt.

Ohne den Einfluß lebender Wesen entstandene *Marken* werden häufig als fossile Formen fehlgedeutet – man sieht etwas in sie hinein. So werden die Rippelmarken (Abb. 13) mit Stammrindenstücken der Schuppenbäume (Lepidodendron) verwechselt, zufällige Schlammwülste oder -rillen als Wurmspuren gedeutet.

Fehldeutungen liegen auch häufig bei »versteinertem Holz« vor: Die dichtgedrängten, senkrechten Wohnröhren bohrender Würmer (Scolithus) im *Scolithussandstein* des unteren Kambriums täuschen eine Holzstruktur vor (Abb. 14). Auch bei den *Stylolithen* (griechisch »Säulenstein«) im Muschelkalk scheinen hölzerne Gebilde vorzuliegen

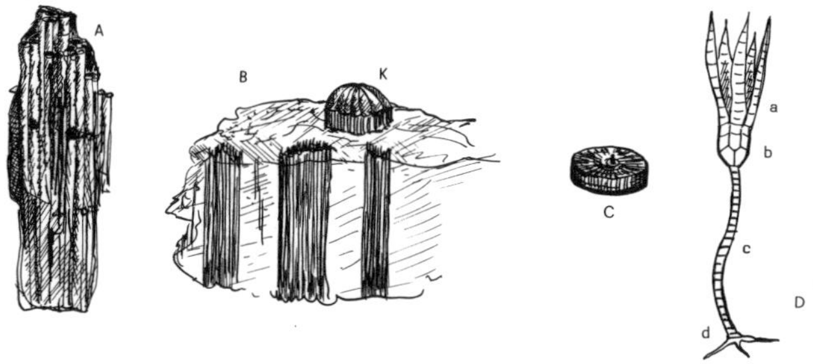

A = Scolithensandstein B = Stylolithen (K = "krönende" Fossilkappe)
C = Stielglied einer Seelilie D = Seelilie (schematisch)
a = Fangarme b = Kelch
c = Stiel d = "Wurzeln"

Abb. 14 *Fossilfehldeutungen* (II)

(Abb. 14.) In Wahrheit handelt es sich um zapfenartige, längsgerillte Formen, die als Folge von Gebirgsdruck bei Kalkauslösung im sich setzenden Gestein entstanden. Die scheibchenförmigen, randgekerbten *Stielglieder der Seelilie* Encrinus liliiformis (sogenannte Trochiten, griechisch *trochos* = Rad) wurden von den Germanen Sonnenradsteine, von den Christen Bonifaziuspfennige, dann Bischofspfennige, Rädersteinchen, Hyazinthperlen, Wichtelsteine oder Katzenkäse genannt (Abb. 14). Die Bezeichnung See*lilie* legt den häufigen Irrtum nahe, es habe sich um eine Pflanze gehandelt; die Seelilie war aber ein auf dem schlickigen Boden des Meeres festgewachsener Stachelhäuter.

Fälschlich werden mit Pyrit ausgefüllte, unstrukturierte Gänge grabender Tiere mit Seelilienstengeln verwechselt; dann müßten sie jedoch artgemäß gegliedert sein. Wegen ihrer pflanzenähnlichen Formen werden die *Dendriten* (von griechisch *dendros* = Baum) im Volksmund Bäumchen, Blume, Moos, Alge genannt (Abb. 15). Hier haben Metallsalzlösungen an Schichtflächen in Gesteinsfugen eindringen können; ausgefälltes Eisenoxid ergibt rote bis rotbraune, Manganoxid schwarzbraune bis tiefschwarze Strukturen von vollendeter Schönheit, die in der Tat moosigfarnblättrig aussehen. Daß sie mit den Pflanzenfossilien nichts zu tun haben, zeigt ihre allseits von außen nach innen an Fugen ins Gestein verlaufende Wachstumsrichtung; außerdem kommen Dendriten auch auf Porphyr-, Phonolith- und Granitfugen vor, wo wegen der Herkunft dieser Gesteine keine Fossilien zu erwarten sind (siehe Abschn. IV).

»*Versteinerte Linsen*« (Linsensteine, Pfennigsteine) sind die bis zu 6 cm großen, linsen- oder münzenförmigen,

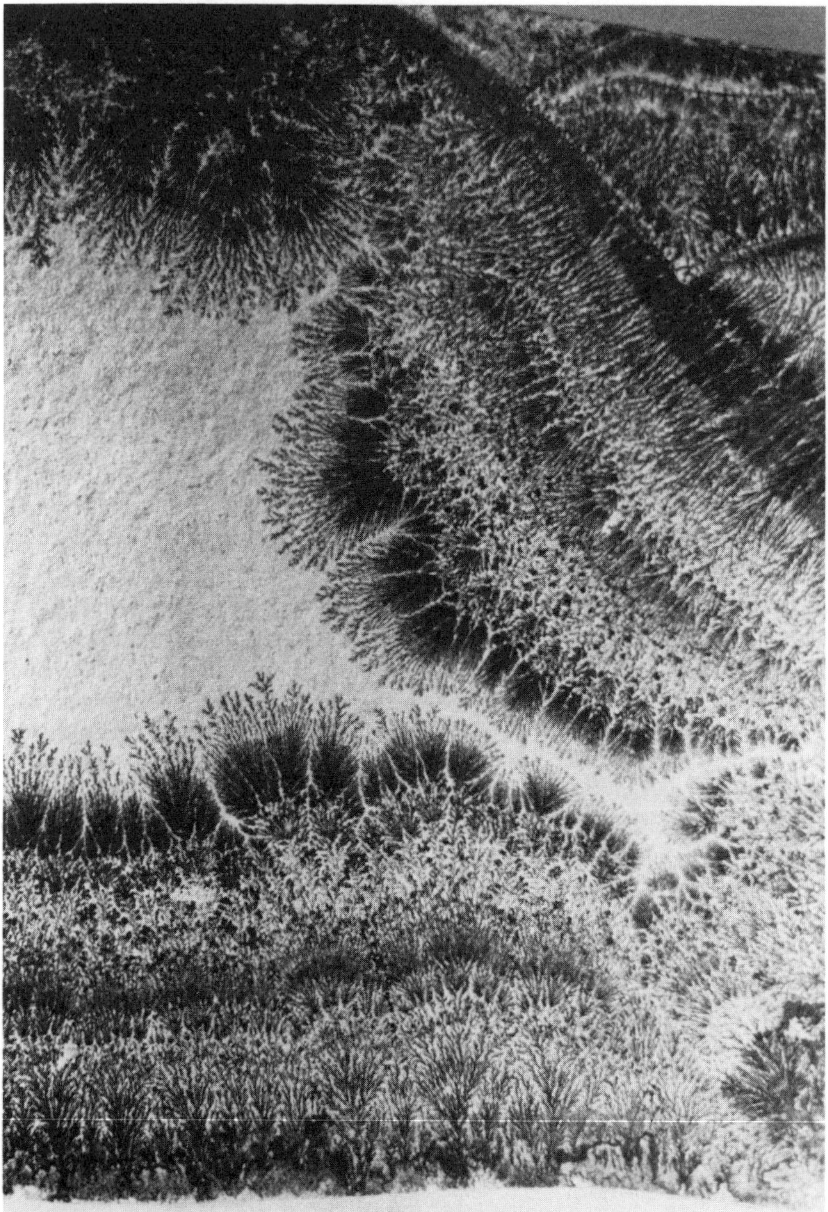

Abb. 15 *Dendriten* aus dem Solnhofener Plattenkalk

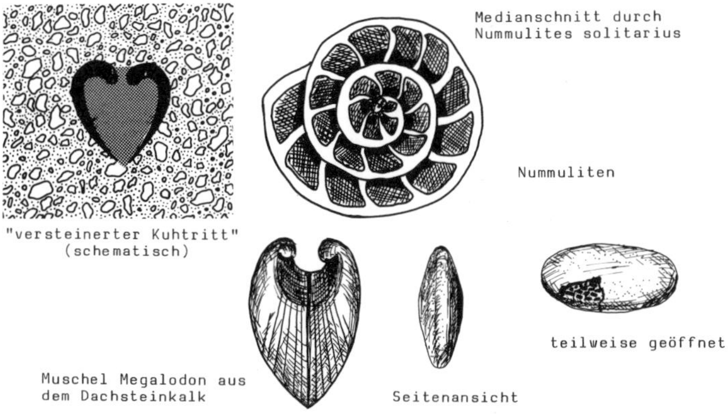

Abb. 16 Fossilfehldeutungen (III)

flachscheibigen, aus dem Kalk herausgewitterten Nummuliten (Münzensteine) – fossile Großporentiere (Foraminiferen). Als man sie in großer Zahl zu Füßen der aus Nummulitenkalk des Mokattamgebirges erbauten Pyramide von Giseh fand, deutete man sie als versteinerte Linsen, Mahlzeitreste der Bauarbeiter (so berichtete der griechische Geograph Strabon). Nummuliten wurden auch im Pariser Becken und in den Alpen gefunden. Der spiralige Aufbau (Abb. 16) kommt zum Vorschein, wenn man sie durch Erhitzen und Abschrecken sprengt (vgl. Seite 94).

»*Versteinerte Kuhtritte*« (»Spuren der Wilden Jagd«, »Fußspuren der Wildfrauen«) sind Fehldeutungen der fossilen Dachsteinmuschel durch die Almhirten. Diese Fossilien kann man mit 12 bis 18 cm Querschnittmaß im Salzburgischen finden. Schneidet die Verwitterung das Fossil halbierend an, so kommt tatsächlich ein huftrittartiges Muster hervor (Abb. 16).

Die *Belemniten* (siehe S. 22 ff.) haben als eines der meistbeachteten und häufigsten Fossilien stets die Phantasie der Menschen herausgefordert, wovon die vielen Namen zeugen: Donnerkeil, Donnerstein, Gewitterstein, Hexenpfeil, Hexenschuß, Teufelsfinger, Gespensterkerzen, Schrecksteine. Die Bezeichnung »Luchssteine« rührt daher, daß die Belemnitenspitzen einen scharfen, an Katzenurin erinnernden Geruch abgeben, wenn man sie aneinander reibt. Pulverisiert nahm man sie früher gegen Augenleiden, Blitzschlag und Behexung ein!

Backenzähne und Beinknochen des Mammuts (Mammuthus primigenius) und des Wollnashorns (Coelodonta antiquitatis), die aus den eiszeitlichen Ablagerungen stammen, haben in aller Welt den Glauben an Riesen und Dra-

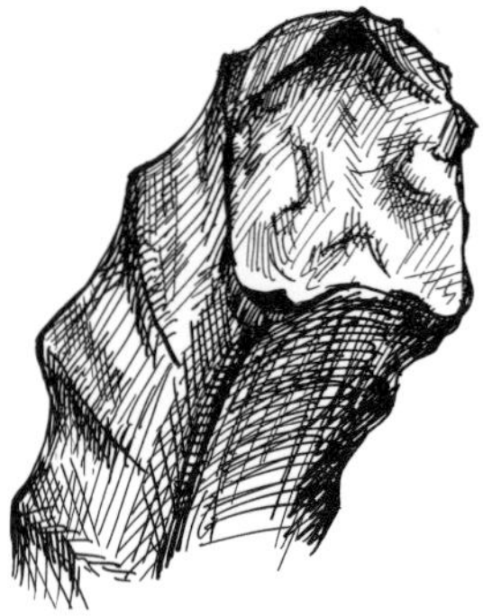

Abb. 17 »Katzenpfote« Lias, Rottorf am Klei

chen aufkommen lassen. In Wirklichkeit waren die Menschen der Vorzeit bedeutend kleiner als ihre Nachfahren.

Auch »versteinerte Wälder«, die Trümmer verkieselter Baumstämme, wurden als »Knochen von Riesen« gedeutet. Zu der Phantasiegeburt des Einhorns mögen Mammutstoßzähne angeregt haben. Zu dem einäugigen Riesen Polyphem, den Odysseus blendete, kam es möglicherweise dadurch, daß man die Schädel sizilianischer Zwergelefanten, die man zahlreich in den Küstenhöhlen fand, für Schädel einäugiger Wesen hielt: Die Nasenöffnungen vereinigen sich bei diesen Fossilien zu *einem* Loch in der Mitte der Stirn.

»Goldschnecken« haben weder etwas mit Gold noch mit Schnecken zu tun. Es sind vielmehr durch Pyrit vererzte Ammoniten (z.B. Cosmoceras). So haben sie einen »Goldglanz« bekommen.

»Katzenpfoten« glaubt man zu sehen, wenn man auf die Septalflächen sieht, die hervorkommen, wenn man den Steinkern von Ammoniten in die einzelnen Kammern zerlegt (Abb. 17).

2. Fossilfälschungen

Solange Fossilien mit vorsichtiger Hand ergänzt werden, kann von einer Fälschung noch keine Rede sein, vor allem dann nicht, wenn die Ergänzung erkennbar gelassen oder deklariert wird. Dieses Verfahren ist mit dem Ergänzen und Rekonstruieren von Scherbenfunden zu vergleichen; oft ist nur so ein Gesamteindruck vorzeitlicher Keramiken zu erzielen. In den Grenzbereich zur Fälschung gerät schon eher die völlige Neuanfertigung, die Kopie eines Fossils (siehe S. 110).

Die eindeutige Fälschung beginnt, wo eine klare Betrugsabsicht vorliegt.

Glücklicherweise werden weit weniger Fossilien als Bilder gefälscht. Spektakuläre Fossilfälschungen gab es immer wieder, wenn auch insgesamt selten.

Die »Beringerschen Lügensteine« (Würzburger Lügensteine) gehen auf den Leibarzt des Fürstbischofs von Würzburg, Johann B. A. Beringer, zurück, der in der ersten Hälfte des 18. Jahrhunderts an der Universität Würzburg lehrte und begeistert Tiere und Pflanzen, aber auch Versteinerungen in Muschelkalksteinbrüchen sammelte. 1725 wurden ihm Steine zugespielt, auf denen reliefartig Pflanzen, Tiere, Sonnen, Monde, Sterne, ja sogar hebräische Zeichen zu erkennen waren. Zwei Kollegen Beringers hatten die Fälschungen unter Mithilfe eines jungen Burschen angefertigt; rund 2000 »Lügensteine« konnten binnen 6 Monaten »ausgegraben« werden. Beringer beschrieb die Funde 1726 in der Schrift »Lithographia Wirceburgensis«, in der er auf 21 Kupferstichtafeln und 98 Seiten Text Fossilfälschungen beschrieb. Darin wollte er die neuen Funde nur vorstellen – er tat es aber zu unkritisch.

Als ihm wenig später klar wurde, daß er einem Betrug zum Opfer gefallen war, versuchte er, die Restauflage des Werkes zurückzukaufen, um die weitere Verbreitung des Irrtums zu verhindern.

Öhninger Fälschungen: Ende des 18. Jahrhunderts gingen Arbeiter im Kalksteinbruch Öhningen am Bodensee bei Nachlassen echter Fossilfunde daran, geschickt ausgeführte Fälschungen auf den Markt zu bringen. Gezähnte Blätter wurden glattrandig geschabt, Fehlendes malte man einfach mit braunem Nußhüllensaft nach. Seit 1820 lieferte dann der Wangener Juwelier Barth gekonnt hergestellte Falschstücke sogar auf Vorbestellung an Museen. Nach Haarlem ging eine Phantasie-Schildkröte, die aus sechs Einzeltieren montiert und breiter als lang war. Barth arbeitete auch Fischgräten in Kalkstein ein.

»Piltdown-Mensch« (Eoanthropus dawsoni; *eos* = griechisch Morgenröte, *anthropos* = Mensch): Diese bekannteste Fälschung führte jahrzehntelang die Fachwelt irre. Bei Piltdown/Sussex wurden 1911 bis 1915 im Flußschotter Tierknochen, Werkzeuge, Bruchstücke zweier Schädel und ein Menschenaffen-Unterkiefer gefunden. Wäre der Kiefer echt gewesen, hätte man ein Entwicklungsglied zwischen Affe und Mensch entdeckt gehabt. Der vermutliche Fälscher, Rechtsanwalt Ch. Dawson, starb 1916; seitdem wurde in Piltdown nichts Aufregendes mehr gefunden. Erst 1953 gelang es (u.a. mit Hilfe eines Fluortests), die raffinierte Fälschung zu entlarven. Der Kiefer stammte von einem jetztzeitlichen Affen; der verräterische Eckzahn war herausgenommen und die Kaufläche der Backenzähne nach Art menschlicher Zähne glattgefeilt worden. Die Alterungsfärbung erreichten die Fälscher durch Bräunung mittels Kaliumbichromat. Ein englischer Paläontologe soll, einem 1978 erschienenen Bericht zufolge, zur Fälschung angestiftet haben, um einen seiner Fachkollegen damit zu blamieren.

Beim jüngsten aufsehenerregenden Fälschungsfall legte ein Tübinger Versicherungskaufmann 1976 der Universität Tübingen zwei *mit allen Weichteilen komplett versteinerte Belemniten* aus dem Jura (Lias Epsilon) von Holzmaden gleich mit wissenschaftlicher Auswertung vor. Noch nie hatte man Belemniten mit allen Weichteilen versteinert gefunden – allerorts glaubten Experten an die Echtheit des Fundes. Erst als man trotz eifriger eigener Suche an

Abb. 18 Belemnit (Fälschungsexemplar)

den angegebenen Stellen und trotz strenger Absperrung der Grube nichts fand, während auf dem Markt immer mehr Exemplare erschienen und Preise bis zu 2000 DM je Stück erzielt wurden, begann man mißtrauisch zu werden. Unter dem Elektronenmikroskop entdeckte man Kunstharz-Klebespuren, die Proportionen der Einzelteile stimmten nicht, und auch der Winkel und die Schichtlage der Belemnitenteile paßten nicht zueinander. Die Entlarvung dieses Schwabenstreiches mit kommerziellem Hintergrund gelang den Studenten Joachim Reitner und Wolfgang Riegraf.

Abb. 18 zeigt ein Fälschungsexemplar.

IV. Ein wenig Geologie muß sein ...
... sonst sucht man, wo nichts zu finden ist!

1. Die Hauptgesteinsgruppen
Fossilien sind an die Entstehung, die Zusammensetzung und das Schicksal des »Muttergesteins«, der Einbettungsschichten, gebunden. Es gibt »fossilfeindliche« und »fossilfreundliche« Gesteine und Entstehungszeiten. Durch Veränderungen im Gestein können nachträglich Zustandsveränderungen der Fossilien eintreten, was oft mit Qualitätsverschlechterungen gleichzusetzen ist; Formen können bis zur Unkenntlichkeit entstellt werden. Nach ihrer *Entstehung* unterscheiden wir drei Hauptgruppen von Gesteinen. Hiervon sind die *Sedimente* (Gruppe 2 der Übersicht S. 43) die wichtigsten Fossilträger.

2. Die Anteile und der Kreislauf der Gesteine
Die *Anteile* der drei Hauptgesteinsarten sind sehr unterschiedlich: Während Erstarrungs- und Umwandlungsgesteine 95 Prozent des Volumens der festen Erdkruste ausmachen, bedecken sie nur 25 Prozent der Landfläche der Erde; Sedimente (und hier vor allem die Sandsteine) bedecken dagegen 75 Prozent der Fläche, nehmen aber nur 5 Prozent des Volumens ein (Abb. 19). Hieran zeigt sich, daß im Laufe der Erdalterung aus den ursprünglichen Erstarrungsmassen durch die Einwirkung der Außenkräfte Verwitterungsmassen entstanden sind, die sich als relativ dünne »Haut« weltweit über das Urgestein gebreitet haben.

Die drei Hauptgesteinsarten stehen nicht isoliert nebeneinander; Erstarrungsgesteine zerfallen also und bilden Ablagerungen, die umgewandelt oder

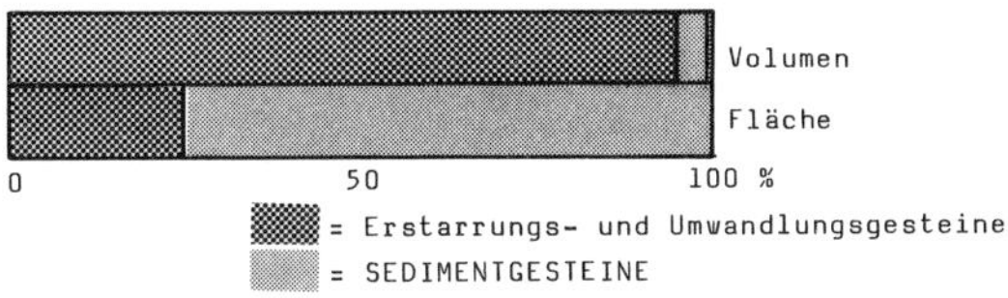

Abb. 19 Häufigkeit der Hauptgesteinsarten

gar wieder eingeschmolzen werden können, so daß ein *Kreislauf der Gesteine* entsteht (Abb. 20). Welche gewaltigen Materialmassen fortlaufend bewegt werden, kann man daraus ersehen, daß im Sedimentationsprozeß pro Jahr etwa 6 Milliarden t Sand-, Ton- und Schlammfracht befördert werden!

Für Fossiliensammler sind vor allem (und fast ausschließlich) die Absatzgesteine (Sedimente) von Interesse, weil sie die eigentlichen Fossilträger sind. Im Grenzbereich zu den Erstarrungsgesteinen kommen gelegentlich Fossilführungen vor, wenn beim Empordringen fossilienhaltige Sedimente mitgerissen oder beim Niedergehen vulkanischer Aschen Lebewesen eingelagert werden. Im Grenzbereich zu den Umwandlungsgesteinen kann es nur bei geringem Umwandlungsgrad noch Fossilfunde geben; die Verformung wird entsprechend stark sein.

3. Grundeigenschaften der Sedimente als Fossilträger

Ungestörte Lagerung der Schichten wird angenommen (Abb. 21):

- Sedimente liegen in *Schichten*; Leitfossilien lassen sich ausgliedern (vgl. S. 20 ff.).
- Die Schichten liegen auf weite Strecken in gleichbleibender Mächtigkeit (= Dicke) *horizontal.*
- *Unterschiedliche Schichten* sind deutlich an Korngrößenunterschieden, Materialwechsel, Färbung, Dichtigkeit und Festigkeit zu erkennen.
- Die *Schichtenlehre* (Stratigraphie; lat. *stratum* = Schicht) untersucht die besonderen Eigenarten jeder Schicht (siehe S. 28).
- In Bändertonen lassen sich sogar *Tages*ablagerungsbeträge an feinsten Schichten (Warven) ablesen!

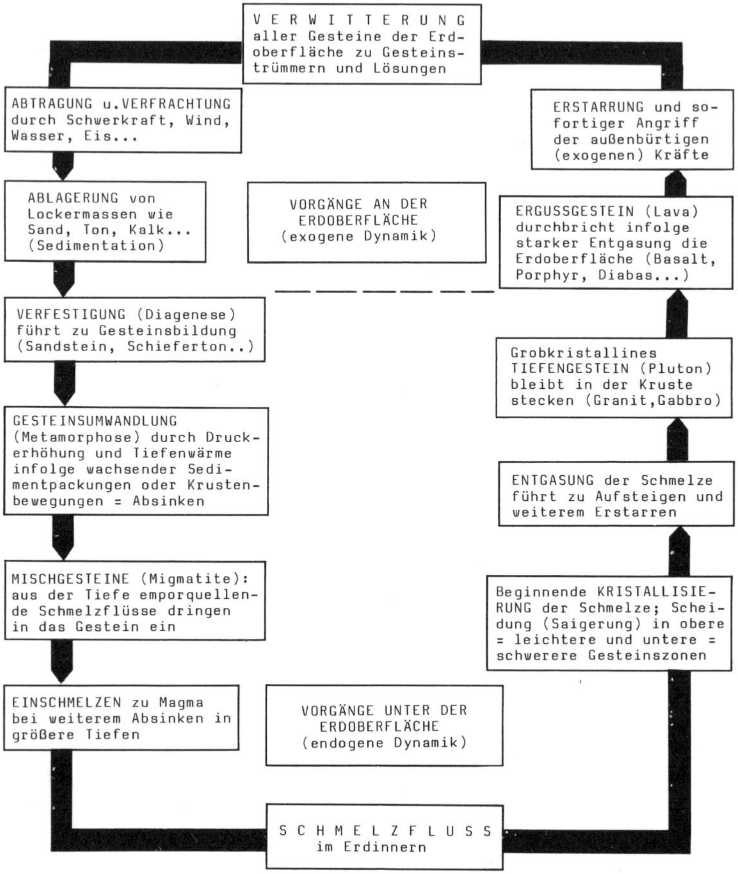

Abb. 20 Der *Kreislauf* der Gesteine
(vereinfacht; nach Wagner, Hamm u. a.)

- *Grobe* Materialien liegen in der Schicht *unten*, sie bilden das »Liegende«; *feinere* Schichten liegen *oben* als das »Hangende«. Das Material ist also *gradiert*.
- *Jüngere Schichten* liegen *über älteren*, der Ablagerungsfolge entsprechend.

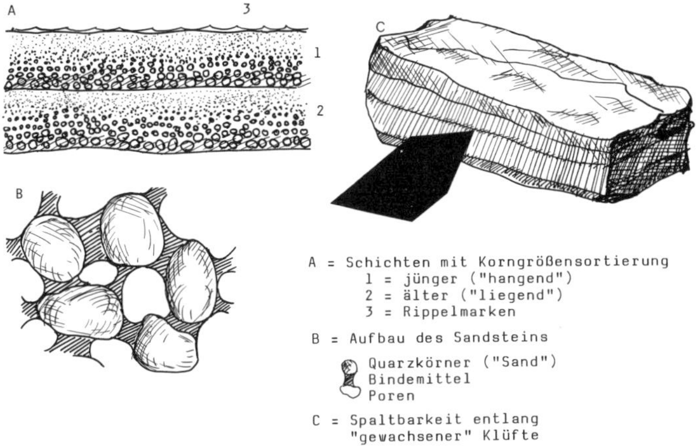

Abb. 21
Sedimente
(Sandstein)
– schematisch –

- Die einzelnen »Körner« der Sedimente (z. B. Quarzsande) werden durch »*Bindemittel*« aneinandergekittet.
- Viele Sedimente sind *porös*; das Porenvolumen von Sandstein liegt z. B. bei 20 Prozent (Wasser- und Erdölspeichergestein).
- Sedimente werden unter starkem Gebirgsdruck *verdichtet.* Der Porenraum verringert sich.
- Zu gleicher Zeit, aber in entfernten Gebieten entstandene Schichten können verschiedenartig ausgebildet sein; sie haben eine unterschiedliche »*Fazies*« (lateinisch *facies* = Gesicht).
- Fossilien sind häufig je nach Wind- oder Strömungsrichtung »*eingeregelt*«: sie haben eine strömungsgünstige Lage eingenommen.
- *Meeressedimente* sind häufiger als festländische. Ihr Erhaltungszustand ist wegen der Einbettungsbedingungen besser.
- Bei gestörten Sedimenten lassen sich Art und Grad der Störung anhand dieser Grundeigenschaften leichter »einsehen«.

4. Fossilien und geologische Zeitrechnung

Die geologische Zeittafel auf den Seiten 44 und 45 gibt die Dauer der einzelnen geologischen Zeitalter nicht im richtigen Verhältnis wieder; von den langen Zeiträumen können wir uns ohnehin nur schwer eine Vorstellung machen. Der besseren Veranschaulichung der Zeitverhältnisse soll Abb. 22 dienen.

Stellt man sich die bisherige Erdgeschichte als einen 24-Stunden-Tag vor,

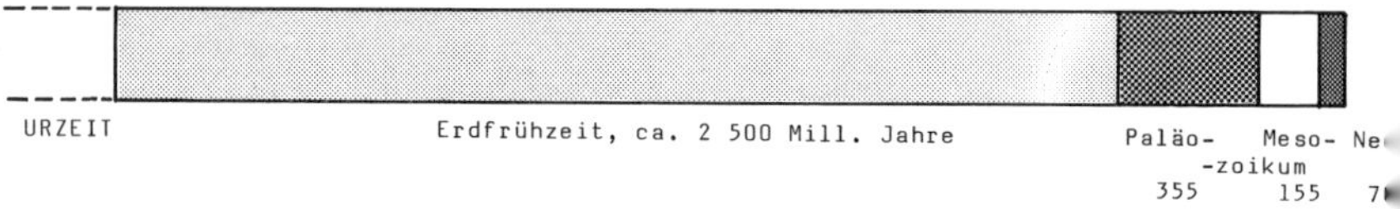

Abb. 22 *Zeitleiste*

so hätten sich die ersten Lebensspuren gegen 16 Uhr gezeigt. Das Erdaltertum hätte um 16.48 Uhr begonnen, das Quartär erst um 23.31 Uhr, und der Mensch der Jetztzeit wäre erst 4 Sekunden vor Mitternacht erschienen. Die historische Zeit der Menschheit nähme nur ein Fünftel einer Sekunde ein!

Es fällt auf, daß die jüngeren Zeitalter in Abb. 23 wesentlich stärker unterteilt sind; das liegt an der genaueren Kenntnis, die wir von diesen Zeiten haben. Die Feingliederung in Stufen, Unterstufen, Schichten, Zonen, Subzonen usw. konnte hier natürlich nicht untergebracht werden; sie ist auch für den Anfang nicht so wichtig. Fossilfunde haben aber an der Feingliederung der geologischen Zeitalter vor allem durch Ausgliederung von Leitfossilien wesentlichen Anteil gehabt. Es liegt nahe, aus der genaueren Kenntnis die jüngsten geologischen Zeiten anfangs zu stark zu werten: In der alten Zählung nahmen das Quartär (lateinisch vierte Zeit) und das Tertiär (lateinisch dritte Zeit) als zwei von damals vier Zeiten einen zu großen Raum ein. Heute weist man ihnen den verhältnisgerechten Anteil von einem Fünfunddreißigstel der Erdgeschichte zu.

5. Was verraten uns geologische Karten?

So wie ein zünftiger Wanderer eine gute Wanderkarte befragt, müssen wir geeignete Karten verwenden. Die *geologischen Karten* geben uns wichtige Auskünfte. Sie zeigen die Gesteine der Erdoberfläche, die sich im Laufe der Erdgeschichte gebildet haben. Sie sind also »Momentaufnahmen« des jetzigen Gesteinsbestandes.

Die erste grobe Orientierung geben schon geologische Karten der Schulat-

1 Erstarrungsgesteine **Glutflußgesteine** (magmatische Abfolge) Tiefengesteine (z. B. Granit) Ergußgesteine (Porphyr)	fossilleer
Vulkangesteine (Bimssand)	u. U. fossilführend
2 Absatz- oder Schichtgesteine **Sedimente** (sedimentäre Abfolge) lat. *sedimentum* = Bodensatz Trümmergesteine (Sandstein) aus Lösungen abgesetzt (Kalktuff) mit Hilfe von Lebewesen umgebildet (Kohle)	fossilhöffig
3 Umwandlungsgesteine **Metamorphite** (metamorphe Abfolge)	in schwach metamorphen Gesteinen u. U. Fossilführung möglich
(Marmor, kristalline Schiefer)	fossilleer

Übersicht: Hauptgesteinsgruppen

lanten (Deutschland mit Mitteleuropa im WESTERMANN/DIERCKE, S. 26/27). Im Regionalatlas der Bundesrepublik Deutschland (List-Verlag) sind sogar *Reliefkarten* der Geologie von Rheinland-Pfalz und Baden-Württemberg zu finden. Profilschnitte sind beigegeben; sie vermitteln einen tiefenräumlichen Eindruck der Gesteinsschichten, während Karten nur den Oberflächenzustand darstellen können.

Ein bedeutend genaueres Bild gewinnt man bei der Auswertung geologischer *Übersichtskarten*. Die beliebte geologische Übersichtskarte der Bundesrepublik Deutschland 1:1 Million im unveränderten Nachdruck von 1976 ist fast vergriffen; sie wird bis 1981 neu bearbeitet sein.

Seit 1973 geben die Geologischen Landesämter und die Bundesanstalt für Geowissenschaften und Rohstoffe die völlig neu bearbeitete geologische Übersichtskarte 1:200 000 (GÜK 200) in 42 Blättern heraus. Die ersten Blätter sind schon erschienen (Anschriften der

Zeitalter	System/Periode Dauer in Millionen Jahren	Abteilung . (Epoche)	Beginn vor ...Mill.J.
ERDNEUZEIT Neozoikum (Känozoikum) 70	Quartär 1	Holozän (Alluvium) Pleistozän (Diluvium)	0,01 1
	Tertiär 70	Pliozän 6 Miozän 19 Oligozän 12 Eozän 27 Paleozän 5	7 26 38 65 70
ERDMITTELALTER Mesozoikum 155	Kreide 65	Oberkreide Unterkreide	 135
	Jura 60	Malm (weißer J.) Dogger (brauner) Lias (schwarzer)	 195
	Trias 30	Keuper Muschelkalk Buntsandstein	 225
ERDALTERTUM Paläozoikum 355	Perm 65	Zechstein Rotliegendes	 280
	Karbon 65	Oberkarbon Mittelkarbon Unterkarbon	 345
	Devon 50	Oberdevon Mitteldevon Unterdevon	 395
	Silur 35		430
	Ordovizium 70		500
	Kambrium 70	Oberkambrium Mittelkambrium Unterkambrium	 570
ERDFRÜHZEIT Präkambrium 2 500	Algonkium 1 400 Archaikum 1 100		 3 000
ERDURZEIT Azoikum ? 2 500			über 5 000 ?

G L U T B A L L

Abb. 23 *Geologische Zeittafel*

Ämter siehe S. 113 f.) Die Karten haben den Vorzug, daß endlich in der ganzen Bundesrepublik Deutschland eine einheitliche Generallegende (Farb- und Zeichengebung) verwendet wird. Daneben geben die Geologischen Landesämter weitere geologische Karten 1:100 000, 1:50 000 und vor allem 1:25 000 (z. T. völlig neu bearbeitet) heraus. Unschätzbaren Wert haben für

Tierwelt	Pflanzenwelt
Gegenwärtige Tierwelt	Gegenwärtige Pflanzenwelt
Säugetiere erster Mensch	Ausformung von Vegetationsgürteln
Entfaltung der Säuger erste Primaten zahlreiche Reptilien, Insekten, Vögel	Sumpfzypressen, Mammutbäume Blütenpflanzen Nadelbäume, Gräser
Aussterben der Saurier, Ammoniten, Belemniten; Blütezeit der Vögel und Flugsaurier	erste Laubpflanzen
erster Vogel (Archaeopterix) Flugsaurier Hauptzeit der Saurier	Formfülle der Nacktsamer (Nadelbäume)
erste Saurier reiches Vorkommen an Reptilien, erste Saurier	Algenriffe (Kalkalpen) Schachtelhalme, Farne, Nadelbäume
"Zechstein-Meer"; erste Säugereptilien;Aussterben:Trilobiten	erste Gingko-Bäume; Vorherrschen der Nadelbäume
erste Reptilien und Insekten Aussterben der Graptolithen	Steinkohlenwälder mit Farnen, Siegel- und Schuppenbäumen; erste Nacktsamer
erste Amphibien Fische breit entwickelt	älteste Wälder
erste eigentliche Fische, Insekten und Skorpione	älteste Landpflanzen erste Gefäßpflanzen
erste Korallen, Seeigel, Muscheln; typisch: Graptolithen	Kalkalgen auffallend entfaltet
Höhepunkt: Trilobiten/erste Wirbeltiere ("Fische") nur Meerestiere, Würmer, Krebse	Algen weiter vorherrschend
älteste Lebensspuren (Blaualgen)	
ohne Lebewesen	

uns die Erläuterungshefte, weil sie auf Fossilfunde eingehen und Fundstellen nennen.

Andere Spezialkarten: Geologische Karten stellen meist nur die *Verbreitung* der Sedimente der jeweiligen Zeitalter, aber nicht die Art der Gesteine dieser Sedimente dar; der Keuper beispielsweise kann außer Sandstein u. a. auch Ton, Mergel oder Gips führen.Deshalb

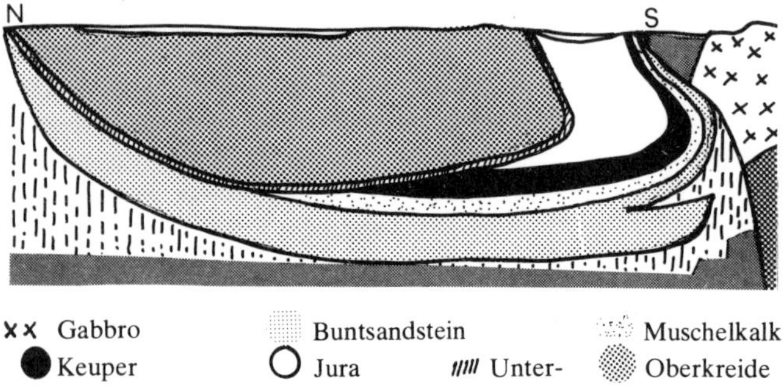

Abb. 24 Schnitt durch die Aufrichtungs- und Überkippungszone mesozoischer Schichten vor der Harzscholle bei Bad Harzburg.

benötigt man besondere *gesteinskundliche* (petrographische) Karten. *Paläogeographische Karten* erfassen die Verhältnisse zur Bildungszeit der Gesteine eines Zeitabschnittes. So zeigt die Quartärkarte die Vereisungszustände während der Eisvorstöße und die Auswirkungen auf die Bedeckungsgebiete. Bei diesen Karten ist vor allem die jeweilige Überflutung des Festlandes (beispielsweise im Perm durch das Zechsteinmeer) wegen der Sedimentationsfolgen interessant.

Bodenkundliche Karten zeigen das Verwitterungsprodukt der jeweiligen Gesteinsunterlage, den Boden. Die Herkunftsgesteine sind davon bedeckt. Böden »verraten« ihre Herkunft.

Tektonische Karten zeigen Schichtenlagerungen und -veränderungen, z. B. durch Bruch und Biegung, Faltung und Senkung (Abb. 24).

Wanderkarten: Eine vorzügliche geologische Wanderkarte des Harzes 1:100 000 gibt der Reise- und Verkehrsverlag heraus. Das Blatt zeigt sogar wichtige Gesteinsvorkommen (im Oberdevon »Iberger Kalk«). Auf der Rückseite finden wir Erläuterungen, eine geologische Tabelle der Region und sehenswerte Objekte in Text und Zeichnung.

6. Auch topographische Karten wollen ausgewertet werden!

Topographische Karten sind Geländekarten, die Einzelheiten des gegenwärtigen Landschaftsbildes in Grundriß und Höhendarstellung wiedergeben (Topographie = griechisch »Ortsbeschreibung«; *topos* = Ort, Platz). Gewässer, Wege, Bauten, Gruben usw. werden sehr genau dargestellt (Abb. 25). Topographische Karten werden

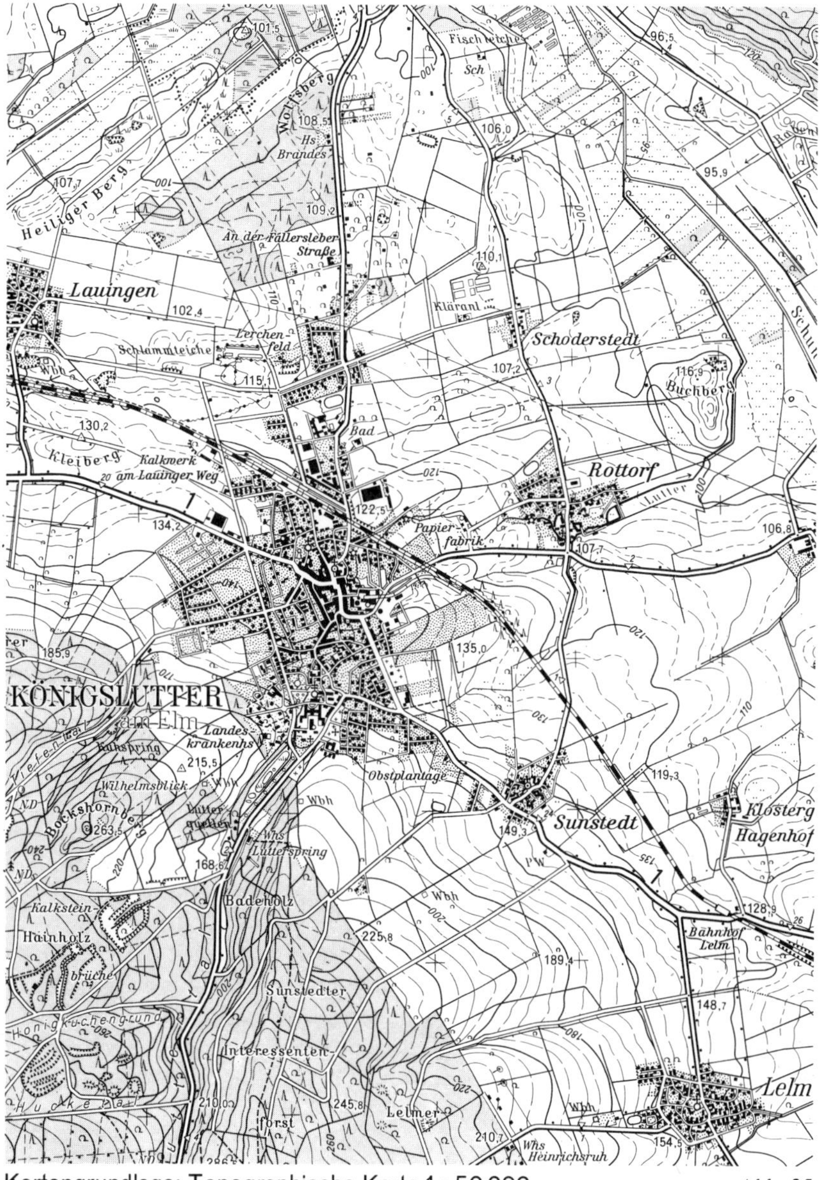

Kartengrundlage: Topographische Karte 1 : 50 000 L 3730 (1977).
Vervielfältigt mit Erlaubnis des Herausgebers: Niedersächsisches Landesverwaltungsamt - Landesvermessung - B 5 - 497/80.

Abb. 25

weit häufiger als die Spezialkarten auf den neuesten Stand gebracht. Sie stehen in günstigen Maßstäben zur Verfügung:

1: 5 000	»Grundkarte«
1: 25 000	»4-cm-Karte« (4 cm auf der Karte entsprechen 1 km in der Natur); früher »Meßtischblatt« genannt; *empfehlenswerteste* topographische Karte!
1: 50 000	auch sehr zu empfehlen
1:100 000	»1-cm-Karte« (frühere »Generalstabskarte«)

Neben diesen »amtlichen« topographischen Karten gibt es im Handel zahlreiche örtliche oder regionale *Wanderkarten*, z. B. die Karte »Naturpark ELM-LAPPWALD«, herausgegeben vom ehemaligen Verband Großraum Braunschweig, Maßstab 1:40 000.

Die topographischen Karten ergänzen die oft noch aus dem vorigen Jahrhundert stammenden geologischen Karten, indem sie den aktuellen Stand der inzwischen durch menschliche Bau- und Abbautätigkeit eingetretenen Veränderungen zeigen. Stets sollte man die *mehrfarbig* gedruckten Karten bevorzugen!

Große Beachtung sollte der Fossiliensammler bei der Kartenauswertung den *Flurnamen* schenken, weil sie viel über Böden und Gesteine aussagen. Bei Enslingen gibt es z. B. Steingrüble und Seeäcker, zwischen Gifhorn und Wolfsburg Mooranger, Steinberg und Lehmkuhlenteich . . .

V. Fossilsuche gut vorbereiten!

Bei der konkreten Planung und bei der praktischen Durchführung der Fossilsuche wird jeder seinen eigenen »Stil« entwickeln müssen – zu unterschiedlich sind die Voraussetzungen, Mittel und Absichten. Allerdings gibt es viele Erfahrungen und Vorschläge, die in der Praxis erprobt worden sind; der »Einsteiger« soll sie kennen und je nach Lage beachten, damit er sich Enttäuschungen und unnötige Ausgaben erspart. Vor allem ist von jeglicher Ungeduld abzuraten. Wer sogar Profis viele Stunden mühevoll ergebnislos suchen sah, wird nicht immer den schnellen Erfolg seiner eigenen Suche erwarten können.

Sehr bald stellt sich der richtige Blick für die Fossilsuche ein. Wie mit »Röntgenaugen« durchschaut man das Gestein und wird fündig. In Studiengruppen von Schülern und Jugendlichen, aber auch bei völlig unbefangenen Erwachsenen finden sich immer wieder richtige Naturtalente für die Fossilsuche.

Die hier gegebenen Ratschläge und Hinweise sollen niemanden so abschrecken, daß er meint, ohne großen Aufwand an Ausrüstung und Apparaturen ginge es nicht. Am Anfang soll immer das Improvisieren stehen, damit die Freude am Sammeln nicht zurücktritt. Andererseits soll aber der Weg zu besserer Arbeit mit besserem Gerät gezeigt werden.

Spätestens hier muß die Entscheidung fallen, was denn die Absicht des Fossiliensammlers ist: Will er auf breiter Front alles sammeln, was ihm begegnet? Soll sein Interesse auf einen engen Raum (seine nähere Heimat etwa) gerichtet sein? Will er sich auf einzelne Fossilienarten (etwa Ammoniten) oder auf Fossilien bestimmter geologischer Zeiten beschränken?

Bergwerk (außer Betrieb)

1. Mit »Eingeborenen« sprechen

Trotz aller Karten- und Literaturstudien werden wir nicht alle Fundstellen auf Anhieb finden; gar zu viele Angaben sind veraltet oder schlicht falsch. Auf viele »Fundstellenverzeichnisse« ist kein Verlaß! Da hilft mancher Ortsansässige mit Auskunft weiter. Ein freundliches Gespräch, wenn möglich im Dialekt, erschließt uns eine Quelle mit reichen Informationen. Es ist durchaus nicht Geld, das unsere Informanten zum Reden bringt – allerdings sollten wir uns auch nicht lumpen lassen.

Anwohner sind oft hervorragende Kenner der regionalen Verhältnisse und sogar der vorkommenden Fossilien! Ihre Auskünfte bedeuten Zeitgewinn und Erfolgssicherung.

Ähnliche Hinweise können wir auch von Angehörigen der Baufirmen erhalten, die auf Großbaustellen wie Kanalbauten und an Autobahn- und Eisenbahntrassen mit Erdarbeiten beschäftigt sind. Die Geologen, Bauingenieure und Baggerführer sind oft gern bereit, ihr Wissen in den Dienst interessierter Laien zu stellen. Manchmal findet man im Büro auf der Baustelle eine »Grabbelkiste« mit Funden vor, so daß man schnell einen Überblick über den Fossilbestand dieses Aufschlusses bekommt.

In der Nähe stillgelegter (»aufgelassener«) Bergwerke (vor allem der Tagebaue) und Steinbrüche oder Sandgruben wohnen die ehemaligen Gruben- und Steinbrucharbeiter, mitunter sogar noch in den alten Arbeitersiedlungen oder in den ehemaligen Verwaltungsgebäuden. Auch diese Kenner sind wertvolle Informanten; oft haben sie selbst Gesteins- und Fossiliensammlungen.

2. Halden »ausschlachten«

Wir können nicht erwarten, in Steinbrüchen frisches Gestein aus der Wand brechen zu dürfen. Häufig werden wir zufrieden sein müssen, wenn wir *Halden* angewiesen bekommen. Bei dem heutigen industriellen Abbau mit Sprengungen und Großraumfahrzeugen gehen viele Fossilien verloren, weil das Gestein schnell den Weg in die Steinbrechanlage geht. Dennoch landet genug auf den Halden, was die Suche nach Fossilien lohnt. Leider schrecken die Besitzer immer häufiger davor zurück, Fossiliensucher einzulassen, weil sie durch Fossilienjäger enttäuscht wurden, die insgeheim doch Raubbau betrieben (siehe Seite 86 f.).

Das Heraussuchen (»Ausklauben«, »Auskutten«) brauchbarer Handstücke aus Halden hat Vorteile:

Der Steinbruchbetrieb wird nicht gestört, und die Unfallgefahr ist nicht groß. Auf den alten Halden ist das Gestein schon angewittert, und Fossilien sind sogar herausgewittert, so daß sie oft nur noch aufgesammelt zu werden brauchen. Allerdings lagert das Material schichtenfremd; es kann sogar ortsfremdes Verfüllmaterial aus anderen Gruben sein, das zur Rekultivierung dient. Die Grubenleitung wird darüber Auskunft geben können.

Die Natur hilft uns an Halden: Nach starken Regenfällen liegen alte Halden von verwitterten Lockermassen gereinigt da, so daß die Suche erleichtert wird.

Auch nach einem strengen Winter ist die Verwitterung durch den Spaltenfrost merklich fortgeschritten.

Weil der Ackerboden durch Verwitterung aus den darunterliegenden Gesteinen entstanden ist, führt er oft noch die härteren, bisher nicht verwitterten

Fossilien. Nach dem Pflügen kann man die Stücke absammeln. Wir achten auf die geeigneten Zeiten, damit bestellte Felder geschont werden. Der Bauer wird uns sicher die günstigsten Termine nennen.

Am Feldrain finden wir in steinreichen Gegenden Feldsteinhaufen (»Lesesteine«). Mancher Weg ist mit fossilreichen Steinen befestigt. Schlägt man sie schon am Ort auf, bleiben die tauben Brocken gleich im Weg, und niemand ist geschädigt. Das Durchsuchen von Feldsteinlagerungen ist vor allem im fossilarmen Norddeutschland wegen des Vorherrschens pleistozäner Geschiebe anzuraten; alle Sedimente werden herausgelesen und aufgeschlagen.

Nach starken Regenfällen kann es an steilen Hängen zu Erdrutschen durch Bodenfließen gekommen sein; Bach- und Flußufer sind unterspült worden; Hochwasser hat feines Material davongetragen, gröberes aber herangeschafft. Es lohnt sich, »seine« natürlichen Aufschlüsse zu begehen, um Neues zu entdecken.

Künstliche Aufschlüsse entstehen, wenn große Einschnitte oder Dammschüttungen für moderne Verkehrsbauten in das Landschaftsbild eingreifen. Weil diese Wunden langsam verheilen, kann man Fossilsuche relativ lange betreiben. Großbauten wie Autobahnbrücken oder Schleusenanlagen benötigen eine tiefgründige Fundamentierung; die Baugruben können zusammen mit dem Aushub eine ergiebige Sammelstelle sein.

3. Lehrpfade begehen und an Führungen teilnehmen

In den »klassischen« Fossilienfundgebieten haben kluge Stadtverwaltungen und Verkehrsvereine *geologische Lehr-*

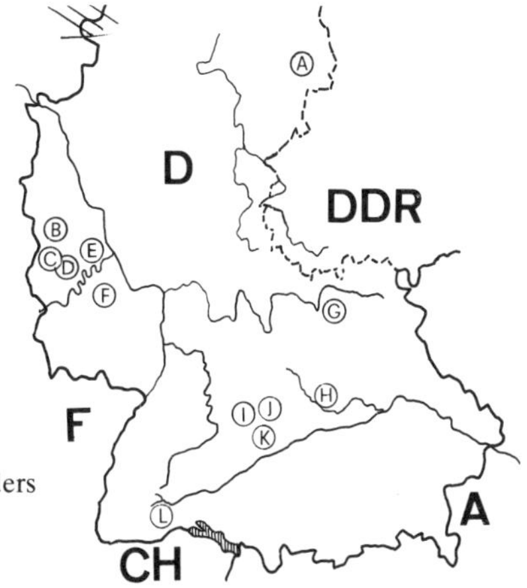

A = H A R Z
B = Blankenheim
C = Gerolstein
D = Daun
E = Mayen
F = Bundenbach
G = Heiligenstadt
H = Naturpark Altmühltal
I = Schwäbisch Gmünd
J = Aalen
K = Steinheim am Albuch
L = Wutach-Gebiet

Abb. 26
Lage der besonders erwähnten Orte und Gebiete

pfade angelegt; oft werden Führungen und Kurse angeboten. Diese Entwicklung kann nur begrüßt werden. So werden einerseits die Fundgebiete den Fossilienfreunden zugänglich gemacht, andererseits wird die Zerstörung der Landschaft durch wildes Herumklopfen wirkungsvoll bekämpft. Für die Orte fällt nebenbei etwas Tourismus ab.

Auf den folgenden Seiten werden Beispiele für derartige Aktivitäten aus der Bundesrepublik Deutschland gebracht (siehe Kartenskizze Abb. 26); ähnliche Angebote gibt es auch in europäischen Nachbarländern, und es ist nicht schwer, bei den örtlichen Verkehrsbüros Näheres darüber zu erfahren.

Als Musterbeispiel, das möglichst oft nachgeahmt werden sollte, werden hier zuerst die *Klopfplätze im Wutach-Gebiet* (Schwarzwald-Baar-Kreis) mit dem Geozentrum Aselfingen (Abb. 27) vorgestellt. Der »geologische Hobby-Urlaub« steht unter der wissenschaftlichen Gesamtleitung des Instituts und Museums für Geologie und Paläontologie der Universität Tübingen (Dr. Balke). Es werden einwöchige geologische Gelände- und Grundkurse sowie Aufbaukurse für Mineralienfreunde für 240 DM (1980) einschließlich Busfahrtkosten für Exkursionen angeboten: »Vorkenntnisse sind nicht vonnöten, aber auch kein Hindernis«, heißt es im Angebot. Die örtlichen geologischen Voraussetzungen sind günstig: Das Grundgebirge des Schwarzwaldes, die fossilreichen mesozoischen Sedimente, der Hegau-Vulkanismus und die neozoischen Gesteinsbildungen im Bodenseeraum liegen im engeren Gebiet oder in leicht erreichbarer Nähe. Schwerpunkt ist die Wutachschlucht bei Blumberg. Wer auf eigene Faust losziehen möchte, sucht die *Geologischen Klopfplätze* auf

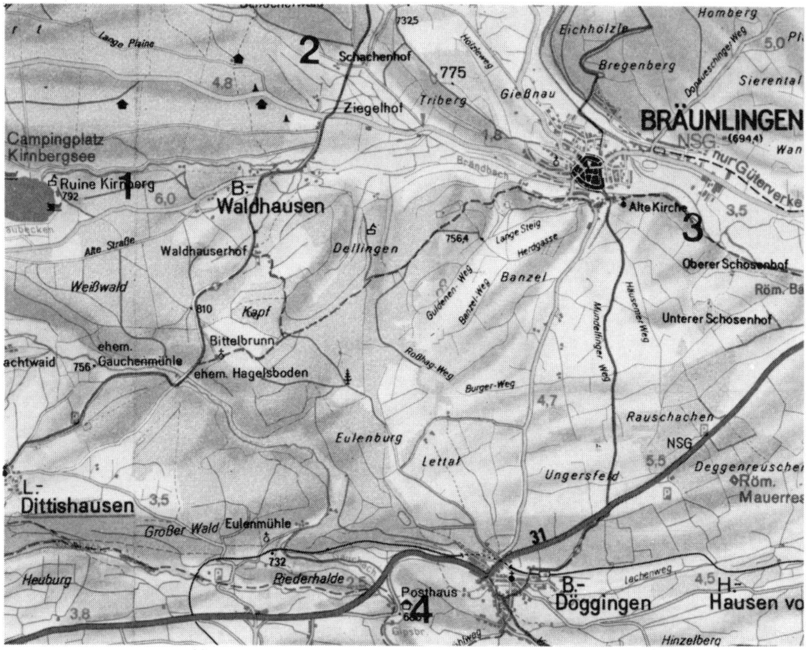

GEOKLOPFPLÄTZE: 1 = Granit, 2 = Buntsandst., 3 = Muschelkalk, 4 = Keuper, 5 = Lias, 6 = Dogger, 7 = Malm, 8 = *GEOZENTRUM* Aselfingen.

Ausschnitte aus RV 13 Schwarzwald, Südblatt. © RV Reise- u. Verkehrsverlag Berlin-Stuttg.

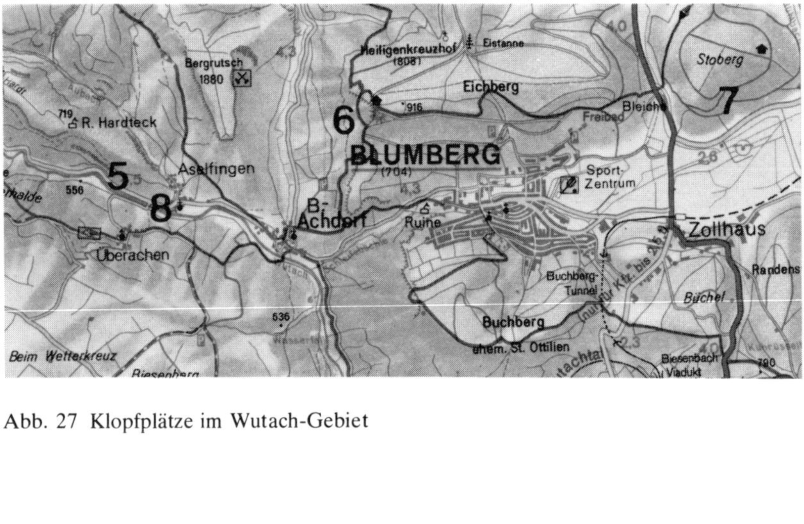

Abb. 27 Klopfplätze im Wutach-Gebiet

(Abb. 27). Auf farbigen Erläuterungstafeln werden die Gesteinsarten erklärt und Hinweise zur Bestimmung gegeben. Paläogeographische Karten, Beschreibungen der früheren Landschaftsformen und Hinweise auf Fossilien ergänzen das Auskunftsangebot. An jedem Klopfplatz stehen Arbeitstische zur ersten Bearbeitung der Funde.

Damit der Weg sinnvoll vom ältesten zum jüngsten Gestein führt, sollte man die in Abb. 27 angegebene Reihenfolge wählen.

Ein besonderes Angebot stellt das *Geozentrum Blumberg-Aselfingen* dar (Abb. 28): Geologische Karten und Profile Baden-Württembergs und des Wutachgebietes veranschaulichen die geologische Situation. In einer kleinen Bibliothek stehen Fachbücher, allgemeinverständliche Beschreibungen und Bildbände bereit. Am Waschplatz können Fundstücke gesäubert werden.

Auf dem Arbeitstisch kann man seine Funde untersuchen und präparieren: Präpariergeräte, Lupen und Salzsäure stehen bereit. Eine Schauwand ist nach den Farben der geologischen Karte aufgeteilt und zeigt Hinweise auf die heutige Verbreitung der Gesteine und Darstellungen urzeitlicher Landschaften und Tiere. Eine Gesteinsvergleichssammlung zeigt die wichtigsten Gesteine des Wutachgebietes; die Fossilienvergleichssammlung zeigt typische Proben von den Klopfplätzen – Exemplare, wie sie jeder dort finden kann. Damit ist das Geozentrum eine wichtige Hilfe für den Fossiliensammler.

Aalen bietet »auf den Spuren der Erdgeschichte« einen 2 km langen geologischen Pfad am Steilabfall des Nordostens der Schwäbischen Alb an (Abb. 29 a). Er wurde 1961 angelegt und war der erste geologische Pfad Deutschlands. Leider darf der aufgelassene

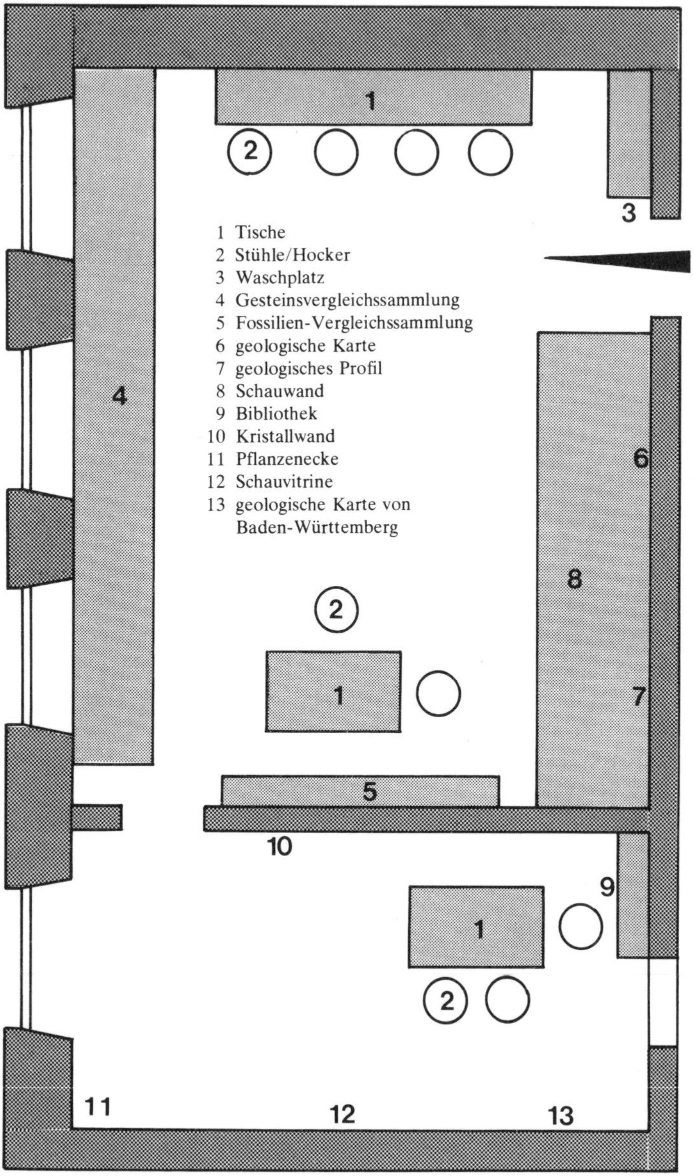

Abb. 28 *Geozentrum Blumberg-Aselfingen*

Abb. 29a

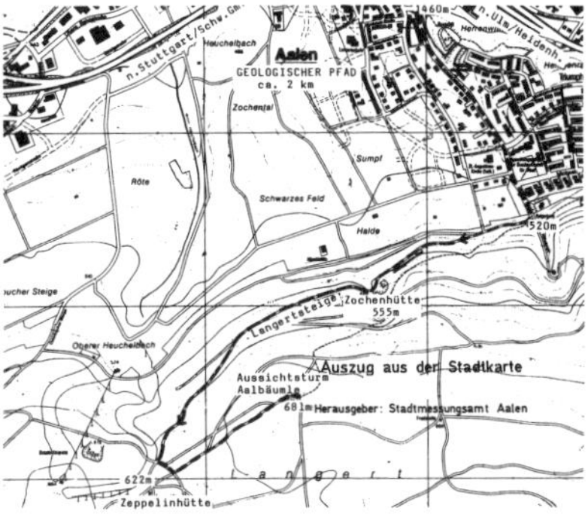

Geologischer Pfad

Schwäbisch Gmünd–Hohenrechberg

Abb 29b

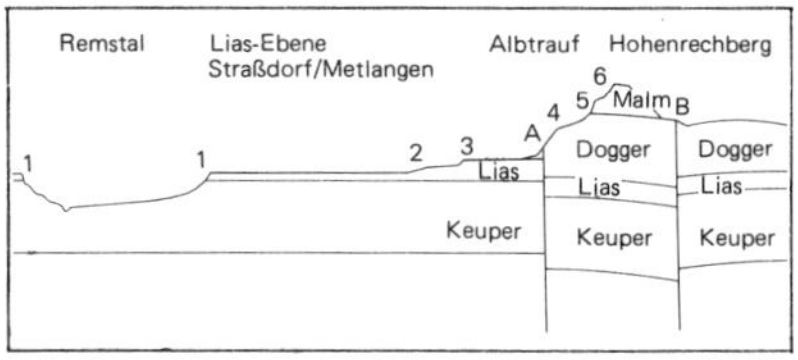

Schwarzer Jura: 1 = Alpha (Angulatensandstein und Arietenkalk, Steilstufe) 2 = Gamma (Numismalismergel mit Kalkbänken) 3 = Epsilon (Posidonienschiefer)
Brauner J.: 4 = Beta (Braunsandstein, Steilstufe)
Weißer J.: 5 = Beta 6 = Delta (Kalkbänke, Ton; Steilstufe) A u.B: Verwerfungen nördlich und südl.des Rechbergs

Steinbruch am Pfad wegen der großen Gefahr nicht mehr benutzt werden, aber für die aktive Fossilsuche stehen in der Nähe Aalens noch einige Aufschlüsse zur Verfügung. Interessenten bekommen Tips von Fritz Sauter, dem Hobby-Paläontologen, aus dessen Privatsammlung die meisten der über 1500 Stücke des 1977 eröffneten, vorzüglich eingerichteten Geologisch-Paläontologischen Museums im Alten Rathaus stammen. Das Museum ist eine günstige Ergänzung des geologischen Pfades.

Der »Geologische Pfad *Schwäbisch Gmünd-Hohenrechberg*« erschließt auf 5 km die charakteristische süddeutsche Schichtstufenlandschaft des Albabfalls (Abb. 29 b). Rund 400 m Höhenunterschied überwindet der Pfad in 24 ausgezeichnet ausgewählten und in einer Einführungsschrift gut verständlich beschriebenen Stationen; meist sind das eindrucksvolle Aufschlüsse.

Auf die Zusammenhänge zwischen geologischer Vergangenheit, Fossilgehalt, Landschaftsformen und Landnutzung (»Landschaft als Einheit«) wird großer Wert gelegt. Auch dieser Pfad wird durch ein Museum, den Bereich Landschaftsgeschichte des Schwäbisch Gmündener Museums, wirkungsvoll unterstützt. Der Pfad beginnt am Waldparkplatz Hölltal. Dem vorzüglichen Einführungsheft ist eine übersichtliche Wanderkarte in großem Maßstab beigegeben. Der Fossilienfreund wird außerdem die hervorragenden Wiedergaben der Abbildungen von Leitfossilien begrüßen.

Im *Naturpark Altmühltal* bieten weltbekannte Fundstätten vielfältige Möglichkeiten zur Fossilsuche an. Wegen des starken Andrangs empfiehlt es sich, die Unterkunft und die fachkundige Führung rechtzeitig zu buchen. Hier die

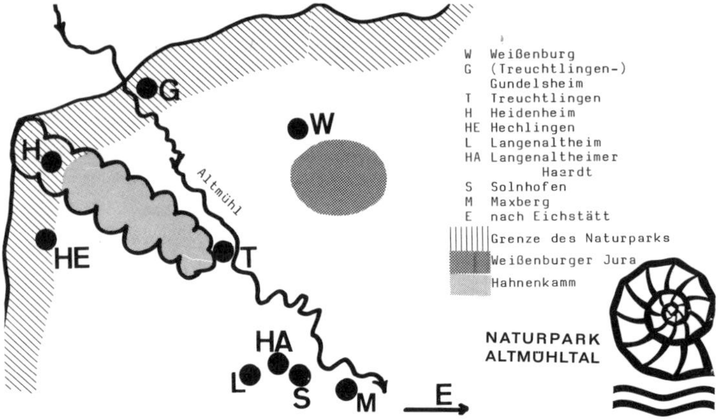

Abb. 30 Lageplan Naturpark Altmühltal

wichtigsten Anregungen (Lage der Orte: Abb. 30).

In *Solnhofen,* dem »Mekka der Fossiliensammler«, das durch seine Plattenkalke weltberühmt geworden ist, können im Bürgermeister-Müller-Museum im Rathaus (auch unter Führung) reichhaltige Sammlungen der am Ort gefundenen einzigartig schönen Fossilien bestaunt werden. Man kann die Steinbrüche und die Verarbeitungsbetriebe auf den Höhen um den Ort besichtigen; am ergiebigsten ist es aber, in eigens dafür vorbereiteten Gemeindebrüchen in Schichtenabbau Fossilsuche zu betreiben und mit dem nötigen Glück ein stolzes Stück davonzutragen. Die Berechtigungsscheine bekommt jeder Urlaubsgast.

Auf dem *Maxberg* über dem Ort werden im Museum des Solenhofener Aktien-Vereins in einer bedeutenden Sammlung Fossilien gezeigt und Informationen über den Plattenkalk gegeben; ein geologischer Pfad erschließt die wichtigsten Fundstellen.

In *Langenaltheim* (Ortsteil Haardt) stehen Steinbrüche zur Fossilsuche bereit; die Privatsammlung Friedrich Schweger (Untere Hauptstraße 25) zeigt Steinbruchgeräte und Jurafossilien.

Heidenheim-Hechlingen bietet einen geologischen Pfad an, der über den Kraternordrand des Nördlinger Rieses führt und zahlreiche Aufschlüsse enthält; für Fossiliensammler werden Freizeiten angeboten. In *Schernfeld-Harthof* zeigt das Museum Bergér Fossilien. *Eichstätt:* Bruch Blumenberg, Lehrpfad Auwäldchen.

Der geologische Wanderweg im Steinheimer Becken (Steinheim am Albuch westlich Heidenheim) führt über 19 Stationen und 4 weitere Aufschlüsse. Er beginnt im Meteorkrater-Museum in

Sontheim, in dem – wie der Name schon sagt – die geologischen Besonderheiten des Steinheimer Beckens erklärt und die vorzüglich erhaltenen Fossilien dieses Gebietes gezeigt werden. Der Lehrpfad vermittelt eindringlich die Zusammenhänge zwischen geologischen Voraussetzungen und Wandlungen und gegenwärtiger Landschaftsform und Landnutzung. Fossiliensuche kann am Punkt 17, der berühmten, jetzt gemeindeeigenen »Pharionschen Sandgrube«, betrieben werden. Die eigentliche Grube ist seit 1969 zwar ausschließlich wissenschaftlichen Grabungen vorbehalten; am Weg vom »Steinhirt«, der über das Kriegerdenkmal zur Sandgrube führt, ist aber auf halber Höhe des Hanges ein besonderer Aufschluß für Fossiliensammler angelegt worden.

Bei Bauarbeiten auf dem Klosterberg, der zentralen Erhebung des Beckens, wurden beispielsweise zahlreiche Belemniten gefunden, die beim Meteoriteneinschlag mehrfach zerbrachen und wieder verheilten. Abseits der Punkte des geologischen Wanderweges achte man hier also auf Aushub aus tiefen Baugruben, um zu Gelegenheitsfunden zu kommen, die sonst wegen der Grabungsverbote nicht möglich sind.

Das Bürgermeisteramt Steinheim am Albuch gibt eine hervorragend abgefaßte, gut illustrierte Begleitschrift heraus, die zum Verständnis der Grundlagen der Paläontologie dieses interessanten Raumes unerläßlich ist (Anschrift siehe S. 116).

Schieferfossilien des Hunsrücks und der Eifel: Die devonischen Fossilien im *Bundenbacher Schiefer* haben schon Generationen von Sammlern in aller Welt entzückt. Mit der Stillegung der meisten Gruben ging aber auch die Zahl der Funde stark zurück; man findet zwar immer noch in den Halden entlang

Abb. 31 Blick auf das Besucherbergwerk Herrenberg

des Hahnenbachtals gute Platten mit Fossilien, aber die Erfolgsquote gleicht schon der des Lotteriespiels. Absolut sichere Fundchancen hat man, wenn man das *Besucherbergwerk Herrenberg* (Abb. 31) bei Bundenbach im Hunsrück aufsucht. Eine Besichtigung der historischen Schiefergrube unter fachmännischer Führung zeigt die handgepickelten Stollen des mittelalterlichen Abbaus, die Schwierigkeiten der Förderung und der Abraumbeseitigung; in einem kleinen Bergwerksmuseum werden altertümliche und neuzeitliche Schieferbearbeitungswerkzeuge gezeigt.

Das Schaubergwerk ist vom Verein der Fossilienfreunde freigelegt und begehbar gemacht worden. Einmalig schön ist die Verbindung von Theorie und Praxis, denn außer der Besichtigung wird (kostenlos) Gelegenheit gegeben, die Halden zu durchsuchen. Erfolgreicher ist es aber, für wenige Mark eine Schubkarre voll frisch geförderten Schiefers zu erwerben; an Ort und Stelle kann man seinen Schiefer mit geliehenem Spalteisen und Klüpfel in einem regensicheren Arbeitsschuppen spalten und sichten. Alle Funde verbleiben sebstverständlich dem Finder. Auf Wunsch und nach Vereinbarung werden auch Präparierkurse abgehalten (Anschrift siehe S. 113).

Weitere Hunsrück-Schieferhalden: Kaisergrube am Ortseingang von Gemünden (Soonwald); Eschenbach, Altlayenkaul u. a. im Hahnenbachtal bei Bundenbach; Grube Schielebach zwischen Herrstein und Kempfeld.

Im »Schatten« der Hunsrück-Schiefergruben und -halden werden die *Schieferfundstellen in der Südosteifel* häufig übersehen. Das gilt sogar für Wissenschaftler! Und dabei hat das Gebiet zwischen Nette und Alf (etwa von

Abb. 32
Denkmal vor der Genovevaburg in Mayen (Ausschnitt)

Ochtendung bis Ulmen) uns Sammlern viel zu bieten! Hier arbeiten noch zwei Gruben aktiv: die *Grube Katzenberg* am Südostrand von Mayen und eine Grube bei Polch. Es hat aber keinen Sinn, bei der Betriebsleitung nach fossilführendem Material zu fragen, weil eine Abmachung den Schieferspaltern erlaubt, durch ihre Hand gehende Funde selbst zu »vermarkten«; die Firma ist »nur« an den »reinen« Dachschieferplatten interessiert! Man betritt deshalb das große Gebäude, in dem Arbeiter mit preßluftgetriebenen Spaltmeißeln bei ohrenbetäubendem Lärm den bergfeuchten Schiefer der Kauber Schichten spalten. Platten mit Fossilien wandern sofort unter die Werkbank. Bereitwillig breiten die Arbeiter im Gespräch ihre Schätze aus, und man kann auf der Stelle ausgesucht schöne Stücke preiswert erwerben; im Handel müßte man weit mehr dafür bezahlen.

Im Raum Mayen bieten sich darüber hinaus folgende Halden als Suchplätze an: Katzenbach, Glückauf, Mosella und Kellbach (alle südöstlich bis östlich von Mayen), Halden der Bausberggruben (westlich von Kehrig am Elzbach) und die große Schieferkippe südlich Leienkaul bei Laubach/Müllental (Leien und Layen = Schiefer!). Auf der Leienkauler Kippe liegt der Schiefer bereits stark angewittert: vorteilhaft, weil leichter zu spalten; nachteilig, weil die Fossilien »mürbe« sein können. Leider wird das Gelände als Müllkippe schrittweise »verfüllt«.

Reiche Anregungen bekommen Fossiliensammler in *Gerolstein* in der Eifel. Das Verkehrsamt im Rathaus veranstaltet von Frühjahr bis Herbst jeweils samstags ab 14 Uhr Exkursionen, die unter orts- und sachkundiger Leitung an die ergiebigen Fundstätten der Fossilien aus dem Devonmeer führen. Auf einer geologischen Spezialkarte kann man sich einen Überblick über die Verhältnisse im Raum Gerolstein und in der nördlichen vorgelagerten Hillesheimer Kalkmulde verschaffen; in einer kleinen, aber eindrucksvollen Ausstellung werden die typischen Fossilien des Gebietes als Anregung zur Suche und zur Bestimmung gezeigt (Korallen, Armfüßer, Trilobiten, Seelilien).

Unabhängig von den Führungen erteilt das Verkehrsamt Gerolstein bereitwillig Auskünfte über *aktuelle* Fundstellen; so war zum Beispiel im Sommer 1980 die große Baugrube hinter der Berufsschule (Erweiterungsbau) *der* Geheimtip!

Gerolstein braucht über Mangel an Zulauf zu den angebotenen Exkursionen nicht zu klagen. Alljährlich nehmen über 1000 Personen an den Führungen teil. Darüber hinaus sind viele Einzelgänger an den Fundstellen suchend tätig. Gruppen, die auf Studienfahrten gehen und in Heimen der Umgebung unterkommen, können spezielle Filme vorgeführt bekommen.

Ähnliche Veranstaltungen werden in Daun (allerdings nur sonntags) und Blankenheim (Eifel) angeboten.

Im *Harz* werden in Bad Harzburg, Braunlage, Goslar und St. Andreasberg geführte geologische Wanderungen zu den ergiebigen Fundstellen vor allem in der »klassischen Quadratmeile der Geologie« am Nordostrand des Gebirges veranstaltet.

Der altfränkische Marktort *Heiligenstadt* im Weißjura der Fränkischen Schweiz richtete einen 18 km langen kombinierten Pfad ein: einen Waldpfad und einen Landwirtschaftspfad ergänzt ein 7,2 km langer geologischer Pfad (Abb. 33). Parkplätze und Informationszentren stehen an geeigneten Stellen zur Verfügung. Am Ende des geolo-

(P) Lehrpfadparkplatz (i) Information

...m Höhe ü.NN

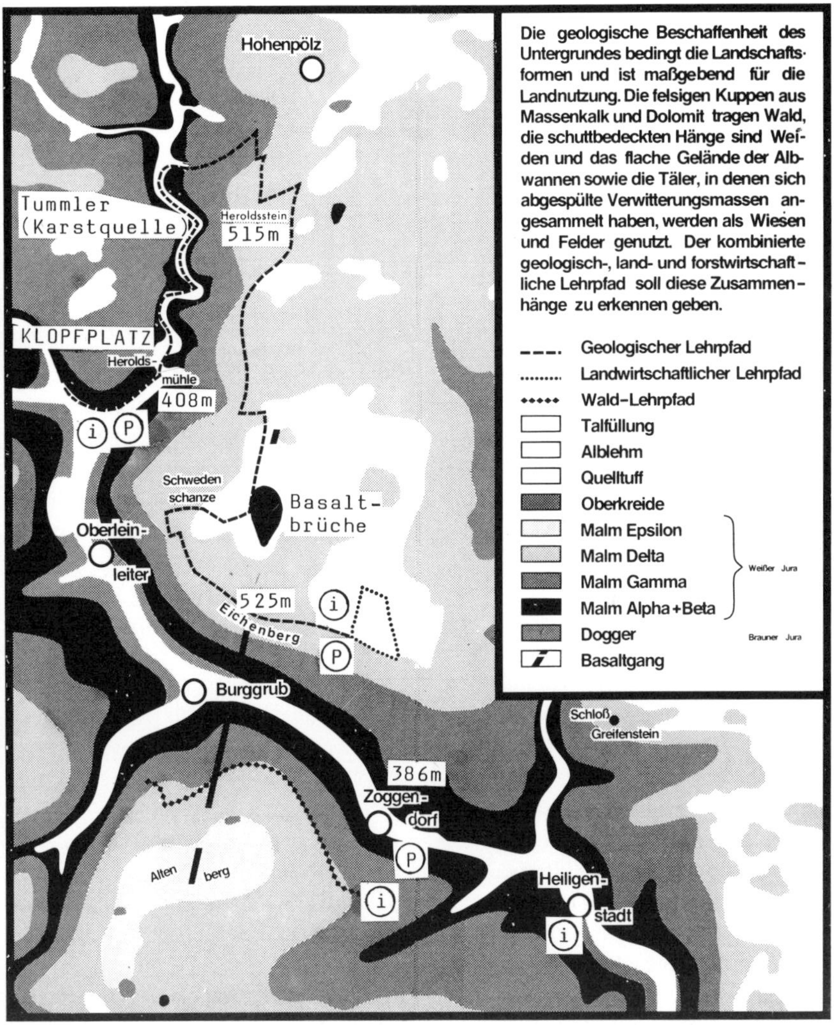

Abb. 33 Geologischer Lehrpfad Heiligenstadt

gischen Pfades liegt 400 m vom Parkplatz ein Klopfplatz an einer Fossilienfundstelle. Vom Tal bis auf die Hochfläche überwindet der Pfad gute 90 m auf einen Kilometer.

4. Sammlungen und Museen besuchen

Die sorgsam präparierten, bestimmten, beschrifteten und ausgestellten Schätze ganzer Forscher- und Sammlergenerationen sollten uns zum Sammeln anregen; die genauen Orts- und Fundstellenangaben führen uns zu den Fundgebieten, und durch das Vergleichen unserer Funde mit den ausgestellten Stücken finden wir Hilfe beim Bestimmen. Rund 100 paläontologische Sammlungen verzeichnet der Museumsführer (siehe Literaturangabe S. 115).

Ein Musterbeispiel ist die *Sammlung Otto Klages,* die der Textilkaufmann und Hobby-Paläontologe Otto Klages in über 50jähriger Arbeit zusammengetragen hat. Sie befindet sich im Haus der Städtischen Volkshochschule Königslutter, Sack 1, und umfaßt mehr als 20 000 Einzelstücke. Sie ist als eine der besten Privatsammlungen bekannt. Leider wirkt sie wegen der drangvollen Enge in Räumen und Vitrinen überladen.

In fast allen *Heimatmuseen* finden wir kleine Abteilungen mit örtlichen Fossilien. Der erste Weg sollte uns in einer fremden Stadt in diese Museen führen! Eine ausgezeichnete Fossiliensammlung dieser Art bietet beispielsweise das Heimatmuseum in der Mayener Genovevaburg (Eifel): repräsentative Fossilien sind übersichtlich und aufgelockert ausgestellt.

Außer den schon bei den Lehrpfaden erwähnten Stätten sei besonders auf folgende verwiesen:

Vereinigung der Freunde der Mineralogie und Geologie (VFMG) e. V.

§ 2 (1) Zweck der Vereinigung

Zweck und Aufgabe der VFMG ist die Pflege
der Mineralogie, Petrographie, Geologie und Paläontologie.
Sie will durch Aussprache, Vortragsveranstaltungen und Lehrausflüge
eine enge Fühlung zwischen den Vertretern der Wissenschaft
und den fachlich Interessierten herstellen und
zur gegenseitigen Anregung und Förderung beitragen.

Naturkundemuseum Senckenberg in Frankfurt am Main

Museum für Paläontologie im Schloß Rosenheim in Stuttgart

Karl-Geib-Museum Bad Kreuznach (ehem. Sammlung Herold)

Naturhistorische Museen, z. B. in Braunschweig, Mainz, Basel

Sammlungen der Paläontologischen Institute der Universitäten

DDR: Ostberlin, Dresden, Freiberg, Halle (»Geiseltalmuseum«)

5. Anregungen bei Gleichgesinnten holen, Erfahrungen austauschen

»Alte Hasen« pflegen zu sagen: »Ihr findet nur das, was ich Euch zeige!« Wer die mangelhaften und oft falschen oder überholten Fundstellenbeschreibungen in so mancher Schrift leidvoll kennengelernt hat, wird freudig den Kontakt zu hilfsbereiten Kennern suchen; ihnen ist Geheimhaltung und falscher Eigennutz fremd.

Jedem Fossiliensammler ist anzuraten, der *Vereinigung der Freunde der Mineralogie und Geologie (VFMG) e.V.* beizutreten. Sie ist die einzige Organisation dieser Art in der Bundesrepublik Deutschland, und sie zählt Laien wie Fachleute zu ihren rund 10 000 Mitgliedern. Sie unterhält in vielen Orten Bezirksgruppen, die regelmäßig Treffen, Vorträge, Exkursionen, Ausstellungen und Tauschveranstaltungen durchführen, die der Weiterbildung, der Pflege von Bekanntschaften und dem Erfahrungsaustausch gleichgesinnter Sammler dienen (siehe oben). Monatlich erscheint die sorgfältig redigierte und mit anspruchsvollen, zum Teil sogar farbigen Abbildungen ausgestattete Zeitschrift DER AUFSCHLUSS; in unregelmäßigen Abständen werden Sonderbände veröffentlicht. Im März 1981 erschien der 31. Band; er behandelt den östlichen Bayerischen Wald.

Der VFMG-Beitrag ist steuerlich abzugsfähig.

Neue Pläne der Vereinigung: Mitteilung von Kontaktadressen in Urlaubsgebieten, Anfertigung von Dia-Serien zur Vorstellung von Fundstellen, Kontaktaufnahme zu den anderen europäischen Sammlervereinen, Erarbeitung einer Aufstellung der für Sammler interessanten Museen und Institutssammlungen.

Messen: Erstmals fand im Juni 1980 in Stuttgart eine vielbeachtete Messe der Fossiliensammler und -händler statt, die *fossilia – Leben der Vorzeit.* Die Veranstalter vereinigten mit dieser neuartigen Messe erfolgreich die Interessen von Forschung, Lehre, Handel und Hobby-Paläontologie und boten gut besuchte Demonstrationen, Seminare (Bestimmen, Präparieren, Kartenkunde), Exkursionen (Holzmaden), Fachkongresse, Lehr- und Sonderschauen an.

Über die *Vielzahl regionaler Messen und Ausstellungen* berichten Zeitschriften und Tageszeitungen laufend; die besten und aktuellsten Informationen findet man aber im aktuellen Beiblatt des AUFSCHLUSS (für Mitglieder der VFMG kostenlos).

Fortbildungsveranstaltungen mit einer Kombination von Lehr- und Forschungstätigkeit mit der Öffentlichkeitsarbeit, wie sie zum Beispiel in den USA üblich sind, bietet die *Technische Universität Clausthal-Zellerfeld* innerhalb ihres »weiterbildenden Studiums« (seit Oktober 1980) an: Die HARZER MINERALIEN- UND FOSSILIENTAGE; ein 90stündiges Lehr- und Übungsprogramm und eine Fossilienbörse stehen auf dem Programm. Der Andrang ist so groß, daß die Veranstaltungen rasch ausgebucht waren und wiederholt werden sollen.

Die *Volkshochschulen* bieten in vielen Orten paläontologische Kurse, Exkursionen, Seminare, Arbeits- und Studienwochen, Präparierkurse, Ausstellungen und Lichtbildveranstaltungen an.

Hier ein Beispiel (VHS Wolfsburg, Ende 1980):

Zeugen aus der Kreidezeit – 100 Mill. Jahre alte Fossilien, 8 Abende (19.30 Uhr bis 21 Uhr und 2 Ganztagsexkursionen). Kostenbeitrag 29,60 DM.

6. Wanderführer auswerten

Die regionalen *Wandervereine* gehen erfreulicherweise immer mehr in ihren Wanderführern auf geologische und paläontologische Verhältnisse ein. Neben der Erklärung der Wanderwege und der Sehenswürdigkeiten der erwanderten Gebiete werden Hinweise auf Pflanzen, Landschafts- und Bodenformen, aber auch Bemerkungen über die geologische Ausstattung und über Fundstellen gebracht. Gute Beispiele finden wir in den Wanderbüchern des Schwarzwaldvereins; hier – stellvertretend für andere Regionen – nur einige Proben aus dem Band 6, Markgräflerland:

»Mitten in Niedereggenen steigt das Sträßlein durch die Reben hinauf zum Heidel. Am Ostende des Dorfes, zwischen Brücke und Mühle, kommen im Bachbett und in der Böschung Kalke des Lias (unterer Jura) heraus mit Erdöl auf Klüften und in Hohlräumen. Von Schliengen nach Auggen liegt das Rebland im Unteroligozän mit Konglomeraten und Kalksandsteinen, zum Teil reich fossilführend. Von der Verwerfung südlich Auggen bis gegen Mühlheim liegen die Reben im ältesten Tertiär, im Eozän.

Den Kulmkonglomeraten (Unterkarbon) mit Sandsteinen und Schiefern auf dem Sattel folgen 1 km westlich und südlich bis zum Klemmbach die Kulmvulkanite mit Sandsteinen, nördlich der Straße vor der großen

Kehre Porphyrbreccien mit Seelilien führenden Kalken.

Erst am Westhang nach Kleinkems kommt Tertiär (kleine Steinbrüchli) und nahe der Talsohle auch Malmkalk heraus.«
(Beispiele aus den Seiten 205, 201, 144 und 198).

7. Zeichnen und Skizzieren zu Hause und vor Ort

Bei der Vorbereitung der Fossilsuche in unbekanntem Gelände legen wir nach genauem Studium der Karten *Wegeskizzen* an. Sie geben die günstigsten Anfahr- und Fußwege bis zur Fundstelle wieder (Abb. 34). So sparen wir im Felde Zeit und können außerdem die Skizze später auf die Rückseite der Karteikarte (siehe S. 107 f.) kleben. Diese Skizzen ähneln den von Autoclubs empfohlenen Fahrwegskizzen oder den »Gebetbüchern« der Rallyefahrer.

Im *Aufschluß* müssen wir die schichtengerechte (stratigraphische) Einordnung unserer Funde festhalten. Das kann im Foto geschehen – in der Zeichnung können wir uns aber auf wichtige Angaben beschränken, dafür jedoch Erklärungen (z.B. Maße) eintragen. Für Gesteine, Böden, Schichten, Korngrößen, Lagerungsstörungen usw. empfiehlt es sich, feststehende, individuelle Signaturen und Symbole zu verwenden (Vorschläge in Abb. 34). Weil sie nur unserem eigenen Bedarf dienen, sind wir frei in Art und Umfang der Festlegung. Lediglich die Abkürzungen der geologischen Karten (z.B. mm = mittlerer Muschelkalk) oder die Farben (nach der neuen Generallegende z.B. Tertiär *gelb,* Kreide *grün* usw.) sollten wir übernehmen. Abkürzungen für Erklärungen und Buchstaben (st.v. = stark verwittert, ü = überhängend) können der genaueren Kennzeichnung dienen. Fundstellen werden, von unten her nu-

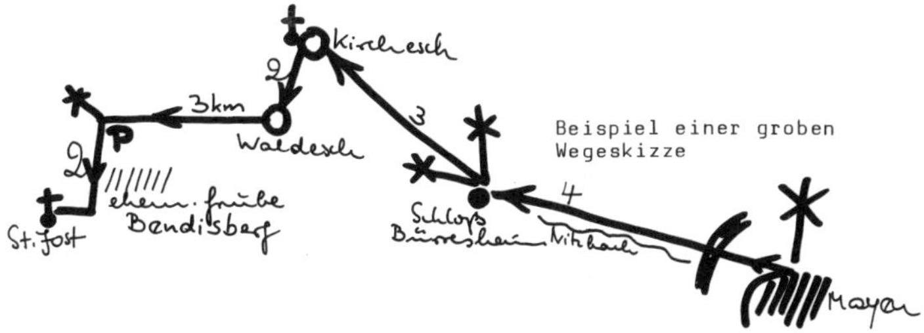

"taktische" Zeichen

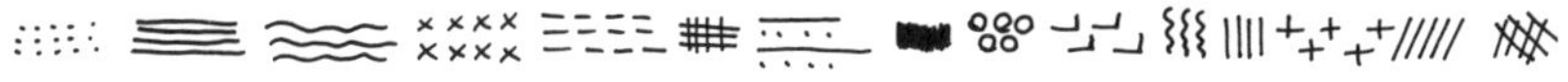

IM STEINBRUCH

B = Boden V = Verwitterungsschicht K = Klüfte S = Schichtfugen
M = Mächtigkeit (Dicke) der Schichten 1,2... Numerierung der Fundstellen
D = "Delta"-Schuttfächer KA = Karstlöcher Ü = Überhang, mürbe
G = größte Gefahrenquelle A = Abbauzone mit "söhligen" (waagerechten) Schichten P = aufkommender Pflanzenwuchs

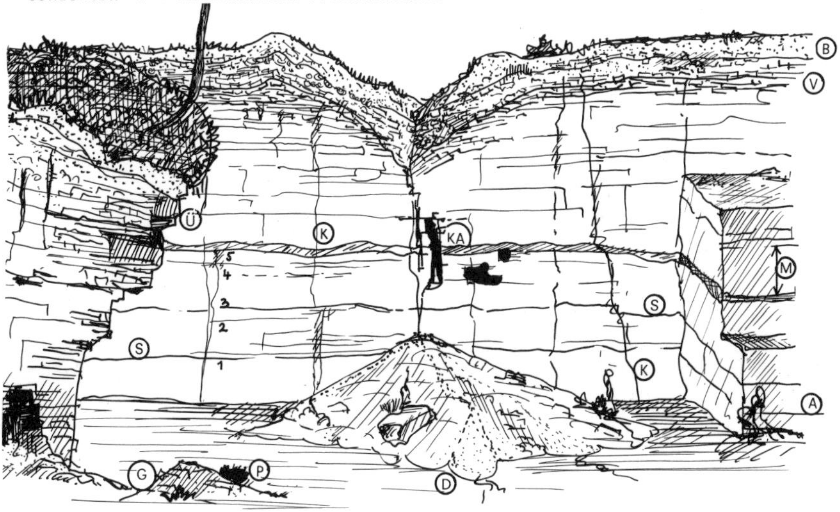

Abb. 34 Zeichnen und Skizzieren

meriert, eingetragen. Einigermaßen maßstabsgerecht zeichnet man, wenn man kariertes Papier verwendet: 1 Rechenkästchen (5 mm-Quadrat) kann z.B. 10 cm darstellen; der Maßstab wäre dann 1:20 (Darstellung des 20. Teils der Wirklichkeit).

8. Anleitung zur Höhenbestimmung

Wir falten ein Blatt Papier, so daß wir ein rechtwinklig-gleichschenkliges Dreieck bekommen (»Flieger« bauen!). Den einen der gleichen Schenkel halten wir, wie in Abbildung 35 gezeigt wird, in Augenhöhe waagerecht und gehen so weit von der Gesteinswand weg, daß wir über die lange Spannseite die Oberkante der Wand anpeilen können. Von diesem Standort schreiten wir die Entfernung bis zum Fuß der Wand ab. Wir müssen aber zu dem ermittelten Maß noch die Höhe vom Boden bis in Augenhöhe hinzurechnen.

Ein anderes Verfahren: Ein Helfer wirft eine mit einem kleinen Stein beschwerte Meßschnur von oben in die Grube und zieht sie straff. An den Markierungen der Schnur (alle Meter angeknotete farbige Stoffstreifen) kann sehr genau die Höhe der Gesteinswand und sogar die Mächtigkeit der Schichten abgelesen werden. Vorsicht! Oben nicht zu nahe an den Rand treten! Wurf erst auf Kommando von unten, wenn niemand im Wurfbereich steht!

9. Maße und Entfernungen

Schrittmaß einüben und vermessen (Doppelschritt beim Wandern). »Meterschritte« abschreiten können. Die *Spanne* ist ein altes Naturmaß, das man stets bei sich hat: Entfernung von Daumen- bis Mittelfingerspitze bei gespreizter Hand (rund 20 cm, individuell verschieden).

Merken: Ein DIN-A 4-Blatt mißt 21 mal 29,7 cm, also rund 20 mal 30 cm.

An einem langen Schaufelstiel kann man die Längenmaße markieren (Kerbe mit dem Schnitzmesser oder der Dreikantfeile, dann farbig ausmalen: von 1 bis 10 cm alle Zentimeter, dann alle 5 und 10 Zentimeter).

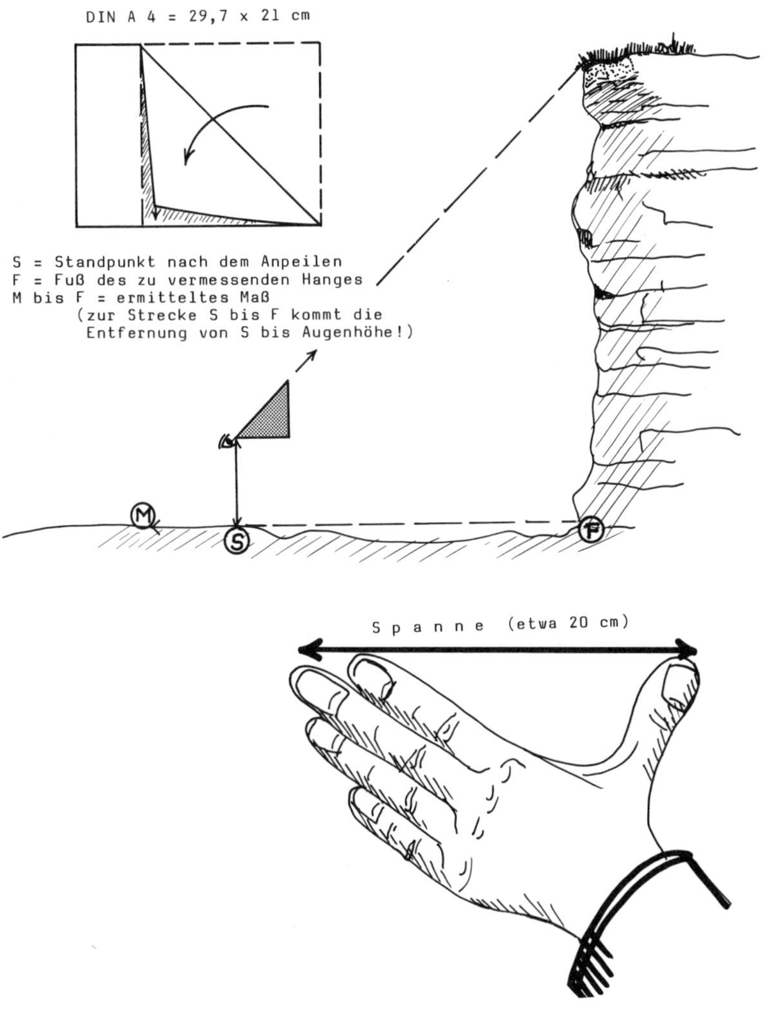

Abb. 35 *Messen* im Gelände

VI. Die Arbeit »vor Ort«

1. Ohne Werkzeug geht es nicht!

Anfangs wird man mit einem einfachen Hammer und einem kleinen Meißel auskommen. An manchen Fundstellen lassen sich die herausgewitterten Fossilien einfach auflesen; dennoch muß fast jeder Fund von anhängenden Nebengesteinsresten befreit werden. Diese Grobarbeit sollte man schon aus Raum- und Gewichtsersparnisgründen »vor Ort« erledigen. Die eigentliche Bearbeitung, das Präparieren, muß in Ruhe zu Hause erfolgen, weil man im Freien in der Eile doch zu viel zerschlägt (vgl. Abschnitt VII).

Die folgenden Vorschläge sollen zuerst die Ausrüstung nennen, die bei der Bergung der Fossilien im Feld (»vor Ort«) nötig ist; sodann folgen Vorschläge für Bearbeitungsgeräte, die zu Hause benötigt werden. Selbstverständlich kann man Feldgeräte auch zu Hause einsetzen. Es stimmt, daß es ohne Werkzeug bei der Fossiliensuche nicht geht; aber es muß vor dem Irrtum gewarnt werden, daß allein eine umfangreiche und teure »Profi«-Ausrüstung den Erfolg garantiert! Man müßte sonst mit einem Lastwagen durch die Lande fahren! Die folgenden Ratschläge dürfen also nicht als voll zu erfüllendes »Muß« mißverstanden werden. Größter Wert soll vielmehr auf *Selbstanfertigung von Geräten* und auf den Einsatz ohnehin bereits vorhandener Werkzeuge und Geräte wie z. B. Meißel und Hammer gelegt werden.

Sammelt man in Gruppen, so kann man teure Geräte gemeinsam anschaffen; vor jeder Suche spricht man ab, welche Geräte mitgenommen werden. So genügt es, wenn in einer Dreiergruppe *ein* Fäustel vorhanden ist. Spezialisiert man sich, so sollte man den Handwerkern das Werkzeug »abgukken«.

Abb. 36
Ausrüstung für die Feldarbeit

2. Die Ausrüstung für die Feldarbeit

Es gibt keine spezielle Fossiliensammler-Kleidung. Am besten kleidet man sich wie ein zünftiger Wandersmann. In dem Band *Bergwandern* von Helmut Dumler in dieser Reihe werden auf den Seiten 10 bis 24 viele Ausrüstungstips gegeben, die auch Fossiliensammlern nützen können. Hier weitere Hinweise (Abb. 36):

Schuhwerk: Die Sohlen sollen kräftig profiliert sein, damit man auf rutschigem und schottrigem Material sicher gehen und stehen kann. Leichte *Wander- oder Joggingschuhe* sind wegen ihrer Geschmeidigkeit und Trittfestigkeit bestens geeignet, vor allem dann, wenn längere Anmarschwege zu Fuß zurückzulegen sind. Die guten alten *Gummistiefel* bewähren sich bei widrigem Regenwetter und bei aufgeweichtem Boden.

Regenschutz: Am besten schützen wir uns durch einen »Ostfriesennerz«, eine möglichst lange, wasserdichte Allwetterjacke mit PVC-Beschichtung. Sie muß eine Kapuze und enganliegende Armbündchen haben (Gummizug oder knöpfbar).

Handschuhe: Es genügen uns die billigen, groben Arbeitshandschuhe, die es überall für Werkstatt- und Gartenarbeit zu kaufen gibt. Auf jeden Fall müssen es *Finger*handschuhe sein! Wenn sie etwas zu groß sind, schwitzt man nicht so sehr.

Rucksack: Wer weite Heimwege mit seiner Gesteinsfracht zu bewältigen hat, verpacke sie in einen stabilen *Rucksack mit Traggestell* und breiten Schlauch-Gurtträgern. Hat man nur den kurzen Weg zum Auto zurückzulegen, genügt eine stabile Leder- oder Segeltuchtasche mit Unterteilungen und einem kräftigen Tragriemen. Die breiten Fotogurte eignen sich gut dafür.

3. Werkzeuge für die Feldarbeit

Vor jedem Start prüfen wir, welche Werkzeuge für das zu bearbeitende Gestein (voraussichtlich) benötigt werden; im Ton oder Schiefer brauchen wir z. T. andere Geräte als im Kalkstein.

Hämmer (Abb. 37). Der klassische *Geologenhammer* mit seinem fast 50 cm langen, federnden Eschenholzstiel und Gewichten zwischen 150 und 600 g kommt immer mehr aus der Mode. Besser ist der *deutsche Geologenhammer* in Ganzstahlausführung mit perforierter Kunststoff-Griffkappe (Gewichte zwischen 460 und 900 g). *Estwinghämmer* (amerikanische Geologenhämmer) gibt es in Gewichten von 600 bis 900 g zu etwas höheren Preisen. Sie gleichen den deutschen Hämmern, sind aber noch kräftiger, griffiger und wohl auch formschöner. Billiger sind die *Zimmermannshämmer*, die wie deutsche Geologenhämmer gearbeitet sind; sie haben die typische Nagelauszieh-Kralle, wiegen etwa 800 g und liegen gut in der Hand.

Bei allen anderen Hämmern (z. B. bei den üblichen holzgestielten *Schlosserhämmern*) achte man auf einwandfreien Zustand und Sitz des Stiels. Die langfaserigen, ungesplitterten Eschen- oder Ahornstiele sollen gut verkeilt sein; Holzkeile sind besser als Metallkeile. Keil und Stiel vor Gebrauch in Wasser quellen lassen; sie sitzen dann »bombenfest« im Hammerauge. Feuchtes Holz splittert nicht so leicht.

Hämmer mit Spitze bevorzugt man in stark verfestigtem Gestein; Hämmer mit (womöglich geschärfter) Schneide eignen sich dagegen für weiches Gestein und Schiefer. Alu- oder Kunststoff-Stielschutzhülsen und Angeln sorgen für festen Sitz und Schutz des Holzstiels.

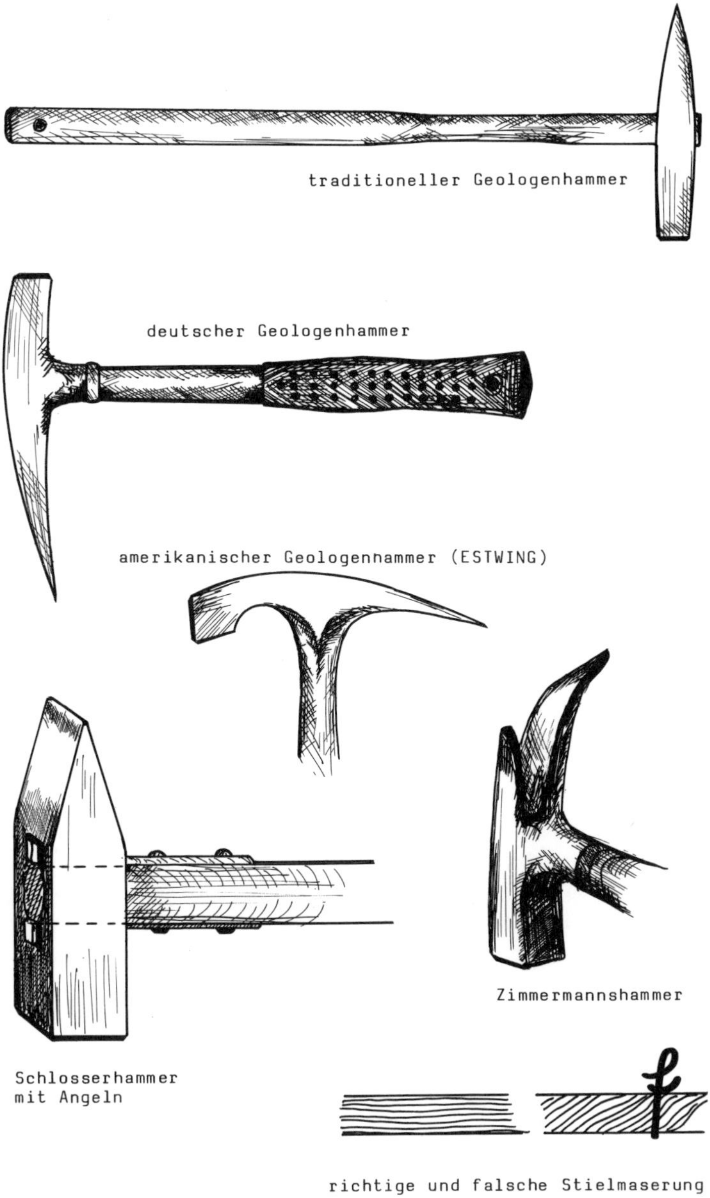

Abb. 37 *Hämmer* (I)

Maurerhämmer können nicht vom Stiel rutschen (Abb. 38). Stiel quellen lassen! Achtung! Der Stiel hat hinten keine Verdickung und rutscht deshalb leicht aus der Hand! Nach der Arbeit kann der Hammer zerlegt werden: Stiel herausstoßen; leichteres Verpacken und Transportieren.

In aller Regel wird man *einen* der vorgenannten Hämmer mitnehmen. Nützlich ist darüber hinaus ein *Fäustel* (Handfäustel, Schlägel, Schlegel): Er soll 1 bis 1,5 kg wiegen und dient zum Zerschlagen großer Gesteinsbrocken.

In der Praxis kommt es weniger auf Art und Form des Hammers, sondern auf den **richtigen Schlag** *an. Man übe an wertlosem Material, weil* **ein** *falscher Schlag* **alles** *zerstören kann – der berühmte »letzte Schlag«! Notfalls schlägt man Stein auf Stein.*

Meißel (Abb. 39). Die Keilwirkung des Meißels setzen wir zum Spalten der Gesteine ein. Uns genügt ein mittelgroßer, handlicher *Flachmeißel* von etwa 20 cm Länge mit 25 mm Schneidenbreite. Er soll aus bestem Chrom-Vanadium-Stahl bestehen und *richtig* gehärtet sein. Nach dem Härten muß er »angelassen« werden (vgl. Kasten auf Seite 78). Dabei soll er seine splitternde Härte verlieren, aber doch standfest sein. *Auf keinen Fall darf der Schlagkopf gehärtet werden, weil sonst gefährliche Splitter schwere Verletzungen hervorrufen können!* Nach längerer Benutzung bilden sich »Bärte«, die ebenfalls eine große Gefahr darstellen. Unter den Hammerschlägen spritzen sie (immer stärker gehärtet) geschoßartig davon und gefährden vor allem die Haltehand. Vor dem Abschlagen und Glattschleifen der Bärte muß der Kopf geglüht und damit weichgemacht werden: erwärmen und

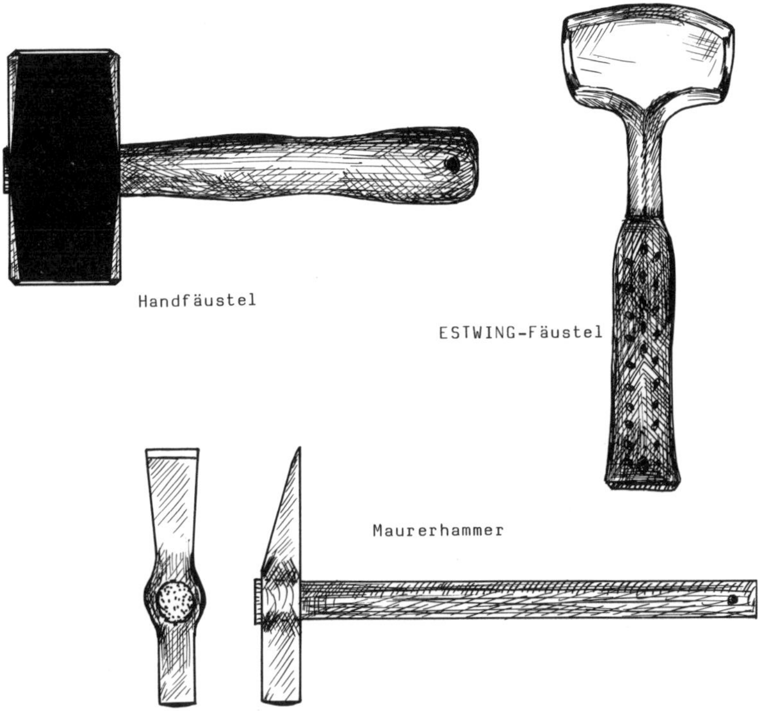

Abb. 38 *Hämmer* (II)

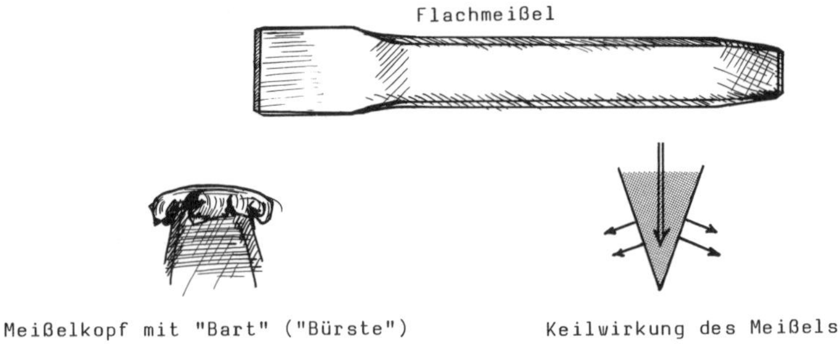

Abb. 39 *Meißel* (I)

langsam an der Luft abkühlen lassen; nach der Bearbeitung wieder härten und anlassen.

Ein schlanker, schmaler Meißel kann im Gelände besonders nützlich sein. Man schmiedet ihn nach Bedarf. Im Handel gibt es dafür die sogenannten *Pranteln* – rohe Stahlenden, die man nach Wunsch schmiedend formt.

Zum Spalten von Schiefer müssen Eisen mit sehr breiter, schlanker Klinge eingesetzt werden. Abb. 40 zeigt ein solches *Schiefer-Spalteisen*. Man kann sich auch mit einem schlank ausgeformten *Hobeleisen* oder mit einem kräftigen *Messer* behelfen. Geschlagen wird mit einem *Klüpfel*.

Beim Losbrechen großer Platten kann ein langer Meißel wie eine *Brechstange* eingesetzt werden.

Glühen (Ausglühen): Langzeitiges Erwärmen und nachfolgendes gleichmäßiges, langsames Abkühlen. So macht man ursprüngliche oder eingetretene Härtung rückgängig. Stahl kann dann geschmiedet oder gefeilt werden.

Härten: Abschrecken des auf 740 bis 780 Grad erhitzten Stahls in Wasser (heftige Wirkung), Öl (milder) oder unter Preßluft. Dauer in 20 Grad warmen Wasser etwa 15 bis 30 sec. (Kaltschmieden ist ein primitives Härtungsverfahren!).

Anlassen: Erwärmen des Stahls nach dem Härten, damit die Härte etwas gemildert, die Zähigkeit aber erheblich verstärkt wird (Meißel bei 285 Grad).

Anlaßfarben:

blaßgelb	strohgelb	gelbbraun	braunrot	»kirschrot«	purpurrot	violett
200 Grad C	220	240	250	260	270	285

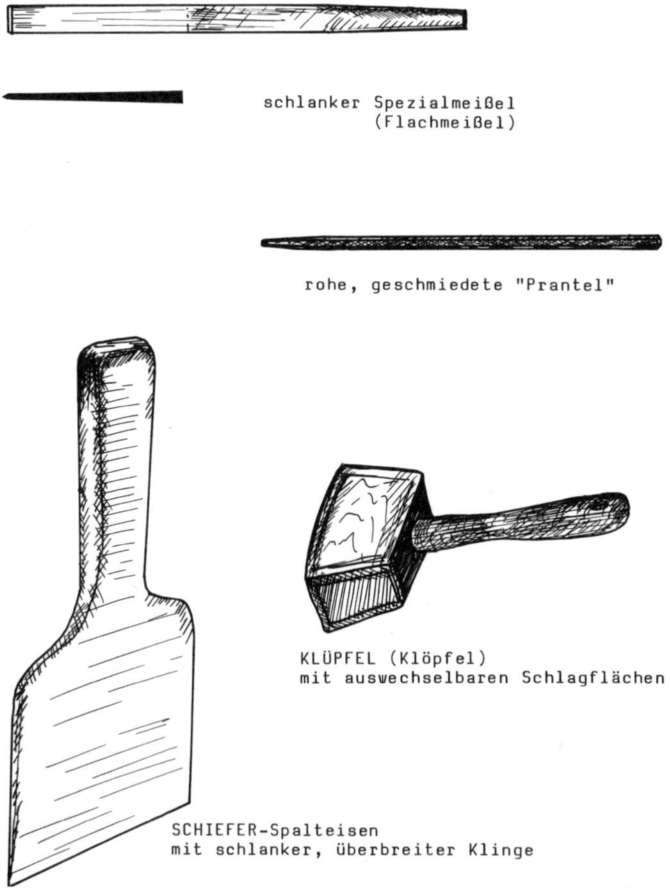

Abb. 40 *Meißel* (II)

Lupen (Abb. 41). Bei kleinen Fossilien und feinen Strukturen reicht das »unbewaffnete« Auge nicht aus. *Lupen mit 6- bis 15facher Vergrößerung* lassen uns in sonst nicht wahrnehmbare Bereiche vordringen. *Klapp- und Doppelklapplupen* können nach Gebrauch durch Einklappen in die Schale zuverlässig vor Verschmutzung und Beschädigung geschützt werden. Bei manchen Lupen kann man ein Band durch das Gehäusescharnier ziehen, so daß man die Lupe umhängen kann, damit man sie nicht verliert. Zur Größenbestimmung gibt es *Meßlupen*. Alle diese Lupen haben den Nachteil, daß sie mit ihrem geringen Durchmesser von 18 bis 23 mm nur kleine Flächen erfassen; größere Gläser (etwa *Lesegläser*) vergrößern dagegen nur schwach *(Einschlaglupen* z. B. meist nur dreifach). *Leuchtlupen* (etwa 3,5fach vergrößernd mit 100 mm Linsendurchmesser) lassen sich auf *ebenen* Oberflächen wie Platten gut verwenden.

Vielseitig verwendbare *optische Kleingeräte* liefert die Firma EMO-OPTIK/Wetzlar (Abb. 41): Das OCTOSCOP L liefert acht Vergrößerungen zwischen 2 x und 28 x! Bei den Maßen 75 x 31 x 16 mm wiegt es einschließlich Lederetui nur 35 g. Zwei Drehflügel tragen die vier farbkorrigierten Optiken; zwei davon sind feinoptisch verkittete Achromate.

Das EMOSCOP SM ist Fernrohr mit Vergrößerung 2,5 x bei 11,4 ° Sehfeld, Fernrohrlupe (3 x mit 5,7 ° Sehfeld), Lupe (5 x, 10 x, 15 x) und Mikroskop (25 x und 30 x). Durch Aufstecken einer Strichplatte verwandelt es sich in ein Meßmikroskop!

Spaten/Schaufeln. Zum Freilegen schutt- oder schotterbedeckter Gesteine verwenden wir eine Schaufel oder besser einen *Klappspaten* (Abb. 42).

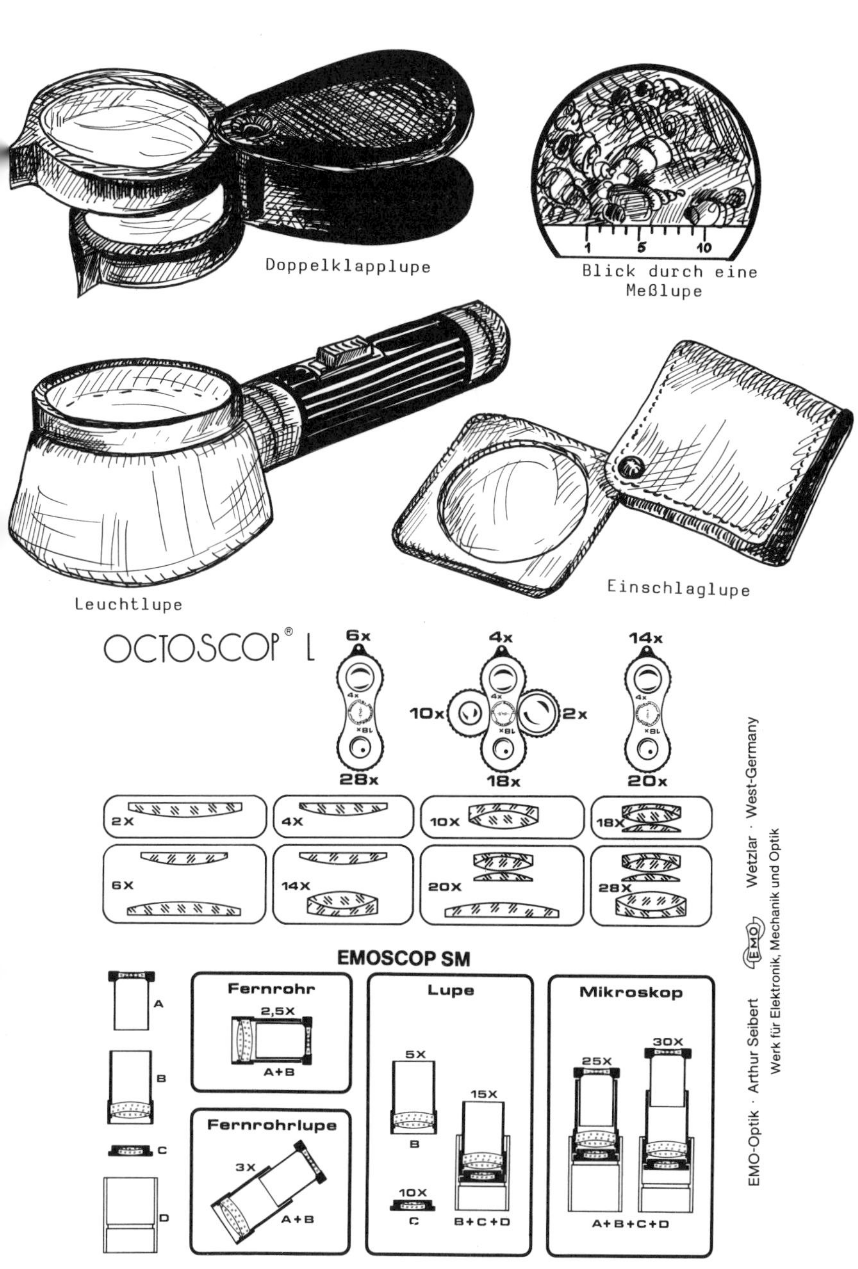
Doppelklapplupe
Blick durch eine Meßlupe
1
5
10
Leuchtlupe
Einschlaglupe
OCTOSCOP® L
6x
4x
14x
10x
2x
28x
18x
20x
2X
4X
10X
18X
6X
14X
20X
28X
EMOSCOP SM
A
B
C
D
Fernrohr
2,5X
A+B
Fernrohrlupe
3X
A+B
Lupe
5X
B
15X
10X
C
B+C+D
Mikroskop
25X
30X
A+B+C+D
EMO-Optik · Arthur Seibert
Wetzlar · West-Germany
Werk für Elektronik, Mechanik und Optik

Abb. 41 *Lupen*

Härteskala zur Ermittlung der Ritzhärte
nach Friedrich Mohs (Mineraloge, 1773–1839)

Härte	Mineral	Ritzwerkzeug	Charakteristik
1	Talk	Fingernagel	sehr weich
2	Gips, Steinsalz	Fingernagel	wenig härter
3	Calzit (Kalkspat)	Kupferdraht	schon deutlich härter
4	Flußspat	Messerklinge	mittelhart
5	Apatit	Messerkl., Stahlnagel	mittelhart u. härter
6	Feldspat	Feile, Porzellanscherbe	obere Grenze von »mittelhart«
7	Quarz	Topas	ritzt Glas
8	Topas	Korund	»Edelsteinhärte«
9	Korund	Diamant	schleiffest
10	Diamant	–	nicht ritzbar

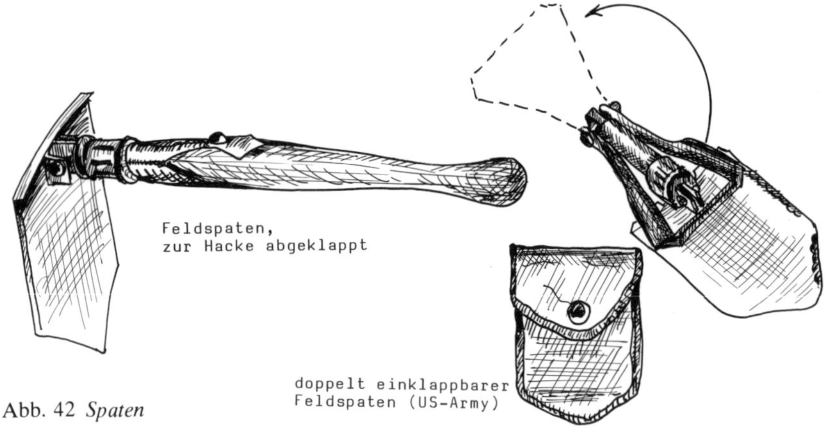

Abb. 42 *Spaten*

Neuerdings gibt es einen *doppelt* einklappbaren Spaten mit großem, handgerechtem Griff (US-Spaten). Zur Hacke aufgeklappt, lassen sich derartige Klappspaten zum schnellen Bewegen von Lockermassen und zum Löcherausheben verwenden.

Messer mit fester oder (besser) mit feststellbarer Klinge braucht man, wenn Funde aus Sand, Lehm, Mergel, Torf, Ton u. ä. herausgearbeitet werden müssen. Bei der Bestimmung der *Ritzhärte nach der Mohs'schen Härteskala* (siehe nebenstehenden Kasten) wird die Messerklinge bis hin zur Härte 5 zum Ritzen verwendet. Es gibt besondere Prüfstähle mit feiner Sägezähnung. Hilfreich sind bei Grabearbeiten je nach Festigkeit und Tiefgründigkeit des Einbettungsmaterials Malerspachtel, Spargelstecheisen und Fugenkellen der Maurer. Bürsten und Pinsel, auch kleine Handfeger, entfernen trockene Lockerteile wie Sand und Staub.

4. Die Behandlung der Fossilien am Fundort

Vor dem Abtransport schlage man taubes Gestein ab und »formatisiere« das Fundstück, ohne das Fossil zu beschädigen. Stellt sich bei der Bergung heraus, daß der Fund brüchig ist, was in tertiären Lagern häufig vorkommt, so sichert man die Teile, indem man Zaponlack (u. U. mit Aceton verdünnt) aufpinselt und eindringen läßt; auch verdünnter Kaseinleim (Holzkaltleim, Weißleim) eignet sich für erste Rettungsmaßnahmen.

Schon am Fundort (!) beginnt die genaue Registrierung der Fossilien. In einem »Feldbuch« (etwa von Postkartengröße) werden möglichst genaue Angaben notiert und skizziert (vgl. S. 68).

Bei Bodenuntersuchungen ist in Brilon (Sauerland) ein 43 Jahre alter Bochumer Geologieprofessor verschüttet worden und ums Leben gekommen. Er war zusammen mit anderen in vier Meter Tiefe beschäftigt, als eine lehmige Seitenwand einstürzte und ihn begrub.

Jede Probe wird numeriert, gut in Zeitungspapier verpackt, beschriftet und in Rucksack, Tasche, Eimer oder Karton verstaut. Kleine Stücke wickelt man in Papiertaschentücher und bewahrt sie in besonderen Schachteln oder Büchsen auf. Klebeetiketten verwenden!

Wer hierbei gründlich arbeitet, hat es später beim Bestimmen und Eingliedern in die Sammlung leichter!

5. Sicherheit ist oberstes Gebot!

Bei allen Arbeiten in unbekannten Gruben und an Halden müssen unbedingt alle Sicherungsmaßnahmen ergriffen werden, die verhindern, daß wir selbst oder andere gesundheitlichen Schaden nehmen. Noch zu oft führen Leichtsinn und Gedankenlosigkeit zu Verletzungen; auch Todesfälle durch Steinschlag oder Verschüttung sind immer wieder zu beklagen. Blinder Eifer schadet nur!

Besondere Sicherheitsmaßnahmen: Zum Schutz der *Augen* bei harten, splitternden Gesteinen *Schutzbrille* tragen (Abb. 43). Die freie Hand (durch den Handschuh geschützt) beim Hämmern abschirmend in Richtung Gestein halten. *Brillenträger* müssen besonders vorsichtig sein! Die Brillengläser halten zwar den Staub und kleine Splitter ab – bei stärkerem Steinschlag bringen Brillenglassplitter aber zusätzliche Gefahr.

Handschuhe (siehe S. 73) schützen die Hände (ein wenig) vor danebengehenden Hammerschlägen, vor Stahl- und Gesteinssplittern und vor Schnitt- und Reißverletzungen.

Bei Arbeiten an steilen Wänden mit angewittertem Gestein können schon relativ kleine Steine, die aus großer Höhe herabfallen, schwere Kopfverletzungen verursachen. *Schutzhelm* tragen (notfalls auf Baustellen ausleihen)!

Kunststoffschutzbrille

Kunststoff-Steinschlaghelm

Abb. 43 Schutz für Kopf und Augen

Sicherheitsregeln. An Halden nie unterhalb anderer Sammler arbeiten! Kalk- und Schiefergesteinshalden neigen wegen des schlammigen Verwitterungsbelags besonders zu Rutschungen. Verschüttungsgefahr besteht an Steilwänden in »Gräbereien« (Sand-, Kies-, Ton- und Lehmgruben). *Nie allein arbeiten!* Keine Grabe-Höhlen (Hangunterwühlungen) vornehmen; nach § 35 der Unfallverhütungsvorschriften der Steinbruchs-Genossenschaft sind Unterhöhlungen und Überhänge verboten! Weder auf noch unter natürlichen Überhängen arbeiten! Nie Hämmer als Keil ins Gestein treiben; gefährliche Stahlsplitter können sich lösen. Loses Gestein nie hangabwärts rollen oder rutschen lassen! Gesteinszustand nach extremer Witterung wie Frost, Tauwetter, Starkregenfall, Sonnenglut . . . genau überprüfen.

6. Erlaubnis zum Begehen der Fundstätten einholen!

Aufschlüsse in Steinbrüchen gewähren uns einen unverfälschten Einblick in die Fossillagerung. Wir müssen aber die Besitzverhältnisse achten, damit weder der Produktionsablauf gestört noch die Lagerstätte geschädigt wird. Sogar für die Suche auf Halden und in aufgelassenen Brüchen sollten wir uns vorsorglich die ausdrückliche Erlaubnis der Eigentümer oder der Besitzer holen, gegebenenfalls telefonisch. Die häufiger werdenden Absperrungen und Zutrittsverbote sind oft eine notwendige Folge des Fehlverhaltens von Sammlern, wie ein Brief des Bürgermeisters der Gemeinde Ohmden im Kreis Esslingen (nahe Holzmaden) zeigt:

»Unsere Schieferbrecher haben wahrlich ihre liebe Not mit den Fossiliensammlern. Dabei sind die ›wilden Sammler‹ noch nicht einmal die schlimmsten. Mit Abstand sind es die, die in den späten Abendstunden oder sonntags die Zäune aufschneiden, um in die Schieferbrüche zu gelangen . . . Kein Schieferbrecher wird einen Sammler abweisen, der sich vorher bei ihm schriftlich oder telefonisch angemeldet hat. Eine Bezahlung ist für das so genehmigte Sammeln innerhalb des Schieferbruchs und an den vom Besitzer zugelassenen Stellen nicht üblich.«

Leider gibt es auch Grubeneigner, die den Fundort völlig unzugänglich halten, obwohl er eine hervorragende Fundstätte ist; einer geregelten Suche stünde nichts im Wege. So hat ein Privatmann eine große, ergiebige alte Ziegeleigrube, die er zur Fischzucht nutzt, seit Jahren völlig abgesperrt. Einige Becken liegen aber (reihum) trocken, so daß angemeldete Fossiliensammler ohne weiteres zugelassen werden könnten!

7. Schutz und Schonung der Fundstellen

Der Irrtum ist weit verbreitet, man dürfe jeden Fund behalten. Beispielsweise bestimmt das baden-württembergische Denkmalschutzgesetz vom 1. 1. 1972, daß zu den geschützten Funden auch Bodenfunde gehören, »wenn sie einen hervorragenden wissenschaftlichen Wert haben« (§ 23, »Schatzregal«). Der Entdecker hat Anzeigepflicht, damit die »Erkenntnisse der allgemeinen Volksbildung nutzbar gemacht werden können« (§ 20); vor allem soll die sachgerechte Grabung und Bergung sichergestellt werden. Durch unsachgemäße Laienarbeit gehen nämlich wichtige Erkenntnisse über die Lagerung, die Schichtenverhältnisse oder andere Begleitumstände verloren. Außerdem entziehen Raubgrabungen der Wissenschaft und der Öffentlichkeit wertvolle Funde.

Andererseits ist es als Folge der modernen Abbaumethoden in den Großsteinbrüchen (Großbohrloch-Sprengverfahren und sofortige Verarbeitung des Gesteins in Brechanlagen) oft gar nicht mehr möglich, auf wertvolle Fossilien zu achten, so daß Unmassen von ihnen untergehen. So wandern z.B. die Nummulitenkalke nahe der Kärtner Saualpe sofort als Zuschlagstoffe in die Weitersdorfer Zementfabrik. Auch die »Nutzung« vieler aufgelassener Fundstätten als Mülldeponie trägt nicht dazu bei, wertvolle Funde zu bergen. Musterbeispiel dieser Barbarei ist die weltbekannte Grube Messel bei Darmstadt; auch sie soll verfüllt werden. Hoffentlich gelingt es den Bemühungen der protestierenden Wissenschaftler und der Öffentlichkeit, die Vernichtung dieser einmaligen Fundstätte zu verhindern!

VII. Fossilfunde wollen liebevoll behandelt werden

1. Präparieren und konservieren

Nur wenige Fossilien können so aufbewahrt werden, wie sie gefunden wurden (Haifischzähne). Die meisten müssen liebevoll, aber auch mühevoll bearbeitet (präpariert) werden. Dabei wird vorsichtig das Einbettungsgestein teilweise oder völlig entfernt. So kommen die Fossilien als Fossilplastiken (Teilpräparationen) oder als vollkommen befreite Stücke in die Sammlung. Für das Präparieren gibt es keine festen Regeln; die Verfahren werden auch durch Hobby-Paläontologen ständig weiterentwikkelt. Hier sollen die bewährtesten und für den Anfang geeignetsten, oft auch die einfachsten Verfahren dargestellt werden.

Allgemeine Hinweise. Vor dem Präparieren untersuche man die Art des Einbettungsgesteins und des Fossilisierungsmittels. Immer erst an wertlosen Proben des gleichen Materials üben! Weiche Einbettungsgesteine besonders vorsichtig behandeln. Anfeuchten verstärkt die Kontraste (zum Beispiel bei Schiefer). Geduld! Lieber ein Stück zu wenig als eins zu viel wegnehmen! Immer nur kleine Teile schrittweise abtrennen und gegen Ende zunehmend vorsichtiger arbeiten.

Geschichtetes Material ist relativ leicht zu bearbeiten. Abgesprungene Teile sofort wieder anbringen (Klebung S. 93). »Fenster«-Methode anwenden: an verschiedenen Stellen bis zum Fossil vordringen, erst dann ganzflächig arbeiten.

Unkonventionelle Mittel und Arbeitsweisen selbst erproben (z.B. Haushaltsreinigungsmittel anwenden, siehe S. 100).

2. Die »Werkstatt« des Präparators

Weil die Gesteinsbearbeitung zum Teil erheblichen Schmutz verursacht (Gesteinsstaub, -brei, -splitter), können wir in der Wohnung nur die »feinen« Arbeiten ausführen; wir weichen zuerst in den *Keller* aus. Ideal wären eine freistehende *Garage,* ein *Schuppen* oder ein *Stall,* möglichst mit Wasser-, Strom- und Heizungsanschluß! Dann könnte man bei staubenden Arbeiten und bei Verwendung von Chemikalien (gegen Regen durch ein Vordach geschützt) vorwiegend im Freien arbeiten.

Wir brauchen einen stabilen *Arbeitstisch,* am besten eine ausgediente Werkbank. Die Selbstanfertigung eines speziellen Arbeitsbockes zeigt Abb. 44. Er läßt sich so bauen, daß man ihn leicht auseinandernehmen und transportieren kann; auch hier sind der Erfindungsgabe keine Grenzen gesetzt. In die Arbeitsfläche kann man verschieden tiefe Mulden einarbeiten, in die man Steine bei der Bearbeitung legen kann, damit sie nicht wegrutschen. Dazu können auch aufsteckbare Halterungen dienen (Abb. 44). An drei Seiten kann die Tischplatte von abnehmbaren Schutzbrettern umgeben sein, die die wegspringenden Gesteinssplitter auffangen. Unentbehrlich ist oft die »federnde« Lagerung des Arbeitsstücks: Styroporplatten, Bleiklötze, stabile Sandsäcke aus Tuch oder altem Leder von ausgedienten Aktentaschen oder Lagen von Zeitungspapier dämpfen den Arbeitslärm und fangen zu grobe Schläge auf. Zudem wird die Unterseite des Gesteins geschützt. Eine schwenkbare Werkstattleuchte sorgt für gutes Licht. Die Präparierwerkzeuge werden auf einem Wandbrett in Griffnähe übersichtlich bereitgehalten.

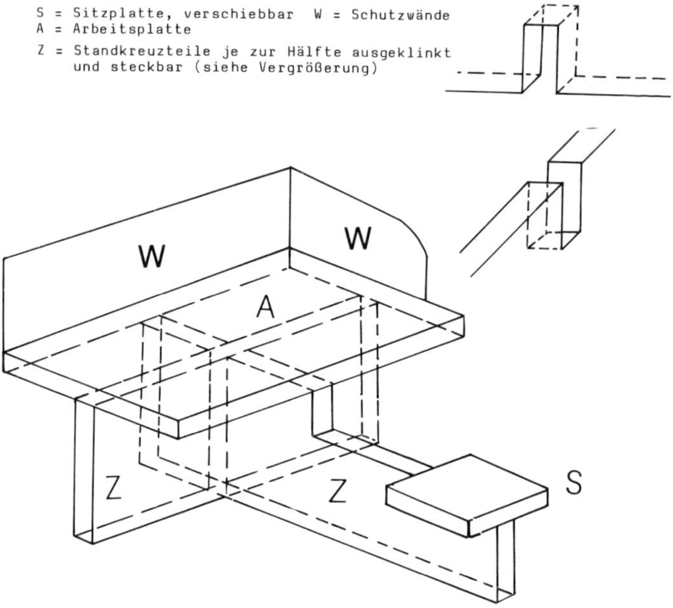

Auflegeplatte mit Haltewinkel und Anschlagleiste

Abb. 44 Arbeitstisch zerlegbar

3. Reinigen der Oberflächen

Bevor das Fossil freipräpariert werden kann, müssen anhaftende Lockerteile wie Staub, Schlamm, Verwitterungsreste u.ä. vorsichtig entfernt werden. Proben an unverdächtiger Stelle vornehmen: Kann trocken oder naß gearbeitet werden? Meist wird man Gesteine vorsichtig waschen und bürsten können. Dazu hält man ein Sortiment grober bis feiner Bürsten bereit (Wurzelbürste, Bronze-, Messing- und Stahldrahtbürste; ausgediente Zahnbürsten). Pinsel, Handfeger und Handwaschbürsten beseitigen anhaftende trockene Teile. Hartnäckig festsitzende Verschmutzungen beseitigt auf kleinen Flächen der Glasradierstift, der einen nachfüllbaren Einsatz aus feinen, gebündelten Glasfasern hat. (Abb. 45). Eisenoxidschichten müssen abgebürstet werden. Die Bronzebürste geht dabei am schonendsten vor. Oft werden erst durch das Bürsten feine Formen der Fossilien richtig sichtbar.

Verkieselte oder pyritisierte Fossilien sind so stabil, daß sie sogar maschinell mit rotierenden Stahldrahtbürsten (siehe S. 101), gereinigt werden können. Möglichst in Längsrichtung der Lagerung arbeiten! Feinstbearbeitung: Bronzedrahtbürste.

4. Schaben und kratzen

Am schonendsten legt man Fossilien mittels *Präpariernadel* frei (Abb. 45). Gleiches leisten schlanke Reißnadeln mit Voll-WIDIA-Spitze, Dreikanthohlschaber, Radiernadeln, Schusterpfrieme, Kerbschnittmessersätze und in Hartholzfutter gestoßene, kräftige Näh- oder Stopfnadeln – also feine, spitze, harte Werkzeuge.

Bei der Verwendung dieser Werkzeuge *keine Schläge* ausführen!

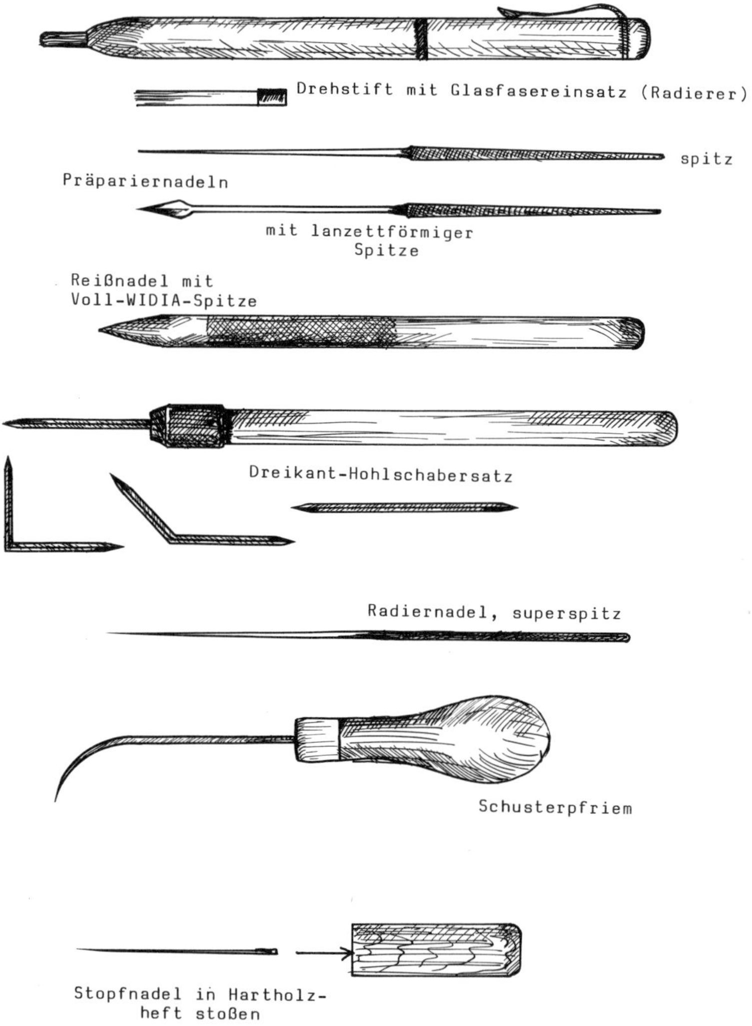

Abb. 45 Feinbearbeitungswerkzeuge

5. Kleben

Gebrochen aufgefundene oder beim Bergen zerbrochene Funde werden möglichst schnell geklebt – ein Verfahren, das voll berechtigt ist, damit wertvolle Fossilien erhalten bleiben oder wiederhergestellt werden. Auf jeden Fall müssen die Klebstellen sauber und trocken sein. Säurefreien Kleber (z.B. Alleskleber wie UHU) verwenden! Will man häßliche Fugen füllen, schabt man Gesteinsmehl von vergleichbarem Material auf den Kleber, der aus der Naht tritt. Es gibt auch spezielle Steinkleber und -kitte. Müssen verlorengegangene Teile ergänzt werden, verwendet man Zahnzement, der mit Erdfarben eingefärbt wird; dabei soll durchaus noch zu erkennen bleiben, daß es sich um eine Reparatur oder Ergänzung handelt. Eine selbst herzustellende Klebemasse, die sehr zuverlässig klebt, besteht aus Gips, Wachs und Kolophonium (im Verhältnis 2:1:1 über schwacher Flamme zu guter Mischung verrühren). Will man das Fossil zur Stabilisierung auf eine Metallplatte kleben, verwende man nach alter Goldschmiederegel Alabastergips, den man warm mit Tischlerleim innig mengt. Die Kittmasse muß warm auf die erwärmten Gegenstände aufgetragen werden.

6. Oberflächenbehandlung

Manche Fossilien zeigen bald Risse und die häßlichen und gefürchteten »Ausblühungen« (Umwandlung des aus dem Pyrit stammenden Eisenoxids zu Eisensulfat). Man reinige das Stück gründlich und tränke es in Paraffin. Die Oberfläche reinigt man dann mit Isopropanol (brennbar).

Tongesteine lassen sich gut mit Auto-Hartwachs, Schellack-Zapon-

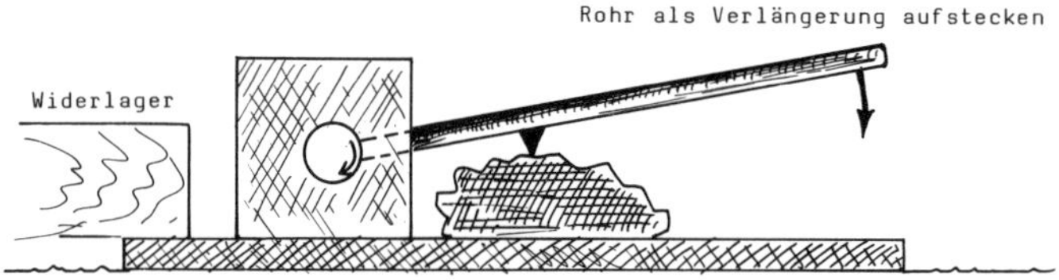

Abb. 46 Steinquetsche (Prinzip)

Lösung oder mit Steinpflege-Emulsionen pflegen (z. B. MARPOL von Centralin; mattglänzend auftrocknend).

7. Trennen

Nach einiger Übung befreien wir mit »gekonnten« Schlägen das Fossil vom Einbettungsgestein. Oft springt es sauber heraus, zumal dann, wenn es angewittert ist. So öffnet man auch Konkretionen (Zusammenballungen), z.B. Toneisenstein-Geoden. Dabei liegt das Gestein federnd in der handschuhgeschützen Hand.

Bei widerstandsfähigerem Gestein verwenden wir einen kräftigen Parallelschraubstock. Weit wirkungsvoller sind die *Steinquetschen,* die man sich auch leicht selbst bauen kann (Abb. 46). Wir können uns ferner das »Feuersetzen« der Bergleute zunutze machen, die damit Berge sprengten, bevor es Sprengstoffe gab: Gesteine werden erhitzt und mit Wasser abgeschreckt, so daß sie springen. Backofen oder Gasbrenner (SOUDO) liefern die nötige Hitze.

Will man nur bestimmte Zonen heraustrennen, richtet man die spitze Flamme des Gasbrenners auf die Stelle, die springen soll, und schreckt sie dann ab. Nasse Lappen schützen die Umgebung der Absprengstelle. Der Gesteinszerfall wird über Winter durch den Spaltenfrost herbeigeführt, wobei feste Fossilien herauswittern. Wer nicht jahrelang warten will, legt die Brocken ins Tiefkühlfach und wirft sie nach tiefer Abkühlung ins heiße Wasser.

Poröses Gestein schließt man auf, indem man es nach gründlicher Trocknung mit einer heißen, konzentrierten Glaubersalzlösung tränkt (Glaubersalz = Natriumsulfat, Na_2SO_4). Der Stein saugt die Lösung ein, und das bei Abkühlung auskristallisierende Salz wird mindestens die äußeren Bereiche sprengen. Man wiederholt dann das Verfahren nach Bedarf.

8. Präparieren mit Schlagwerkzeugen

Sollen größere Gesteinsbrocken sorgfältig zerlegt werden, setzt man *Trenneisen* ein (Abb. 47). Die gewünschte Trennfuge wird vorher rundum angehackt, damit schon eine erste Schwächung eintritt. Oben werden dann mehrere Löcher einige Zentimeter tief angelegt, in die man die Trennwerkzeuge treibt. Leichter, schneller und zuverlässiger geht es, wenn man an möglichst vielen Stellen mit einem kräftigen, langen Mauerbohrer (WIDIA) Löcher in die beabsichtigte Fuge bohrt. Bei Durchbohrungen werden Buchenholzstäbe eingeschlagen und durch laufendes Anfeuchten zum Quellen gebracht. Mit diesem Sprengverfahren wurden früher große Mühlsteine aus der gewachsenen Wand »herausgesprengt« (Mühlsteinbrüche bei Birresborn/Gerolstein).

Will man große Stücke gezielt entfernen, wendet man das *Sprengeisen* an, dessen einseitige Schärfung eine sichere Trennung ermöglicht (Abb. 47). Für feinere Arbeiten, vor allem in der Nähe des Fossils, nimmt man Spitzeisen (auch »Schriftmeißel« genannt) mit möglichst schlanker Spitze, auch Kreuzmeißel, leichte Flachmeißel und Steinbildhauereisen mit Knüpfelkopf. Bei all diesen Eisen achte man auf einwandfreie Schärfe und auf die richtige Härte. Lange Eisen liegen besser in der Hand. Maschinell lassen sich Präparationen mittels des elektrischen Graviergeräts präzise ausführen. Die Geräte haben Spezialstichel für die Steinbearbeitung und kosten je nach Leistungsstärke zwischen 40 und 220 DM.

9. Trennen mit vorsichtiger Erhitzung

Manche Gesteine vertragen keine starke Erhitzung. Bei Tonschiefer gehe man sehr vorsichtig vor, weil zu große Hitze vor allem die Umwandlung pyritisierter Fossilien in Eisenoxid (Fe_2O_3) bewirkt und Festigkeit und Färbung beeinträchtigt. Erhitzung bis zur Kirschröte gelingt mit starkem Zermürbungseffekt in einer Stickstoffflamme: Das Gas wird *von unten* zugeführt, weil es leichter als Luft ist. Das erhitzte Stück wird zu weiterer Lockerung und Lösung des Tonschiefers in kalter Flußsäure (HF) abgeschreckt und *sehr gründlich* gewaschen (Gummihandschuhe!).

Auch Kalkstein kann auf zu starke Erhitzung unangenehm reagieren, indem durch Freiwerden von Kohlendioxid Branntkalk (Kalziumoxid, CaO) entsteht.

10. Aufbereiten durch Schlämmen

Plastische und sandige Materialien lassen sich durch Ausschlämmen aufschließen. Vorher entfernt man anhängende Fremdmaterialien; die Stücke werden möglichst vorsichtig zerbrochen, damit das Wasser besser angreifen kann. Erhitzen beschleunigt die Auflösung. Leichtes Umrühren ist ebenfalls förderlich.

Die herausgeschlämmten Fossilien werden abgesiebt und sorgfältig abgelesen. Empfindlichste Kleinteile saugt man mit einem Strohhalm an; es eignen sich auch Pipetten für das Herausheben kleinster Fossilien.

11. Anschliffe

Allgemein gilt für Gesteine, daß man angewitterte Stücke an- oder aufschlägt, damit sie ihr »Innenleben« zei-

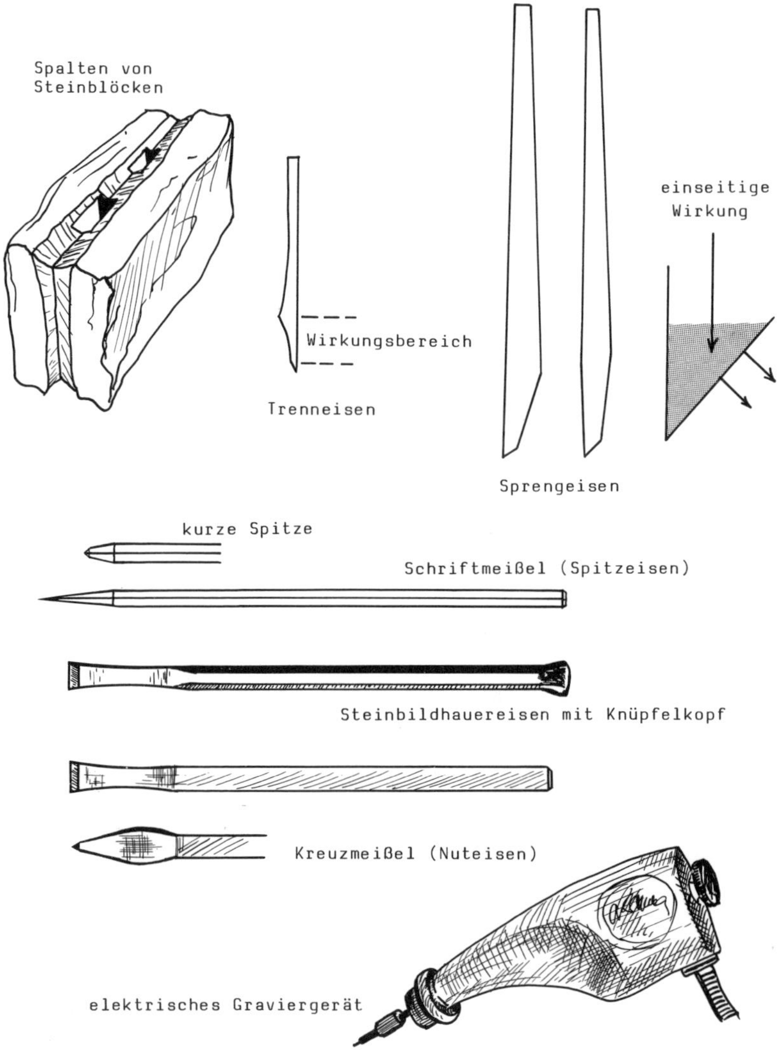

Abb. 47 Sonstige Werkzeuge zum Präparieren

gen. So gilt für gewisse Fossilien, daß sie angeschliffen werden müssen, damit wir näheren Aufschluß bekommen. Auch hierbei übe man an unwichtigem Material gleicher Art! Die zu schleifende Fläche schlage man möglichst eben zurecht.

Schleifvorgang: Mittelfeines Schmirgelpulver und Wasser auf eine starke Glasplatte (8 bis 10 mm) oder auf eine rauhe Gußeisenplatte geben. Unter leichtem, gefühlvollem Druck nach *innen* kreisend schleifen (Schmirgel dabei »hereinholen«); Wasser zuführen, damit der Gesteinsbrei (Abrieb) von den Schleifkörnern gelöst wird. Bei Übergang zu Schleifpulver feiner Gradation Platte und Schleifstück *gründlich* abwaschen; Grobkornreste verursachen im Feinschliff häßliche Kratzspuren! Nach immer feineren Gradationen zu Polierschlamm und zum Feinstpolieren unter Zugabe von Eisen- oder Chromoxid an maschinellen Filzpolierscheiben (Heimwerker) übergehen. Feinen Klarlackfilm (Spray) über die trockene und saubere Arbeit ziehen.

Dünnschliffe (Durchsichtspräparate für die Mikroskopie) verlangen eine noch langwierigere, schwierigere und aufwendigere Bearbeitung und setzen noch weitaus größere Sorgfalt und mehr Übung voraus als Anschliffe. Deshalb kommen Dünnschliffe mindestens für den Anfang nicht in Frage.

12. Chemische Präparation

Allgemeines: Größte Vorsicht bei Verwendung von Säuren:

- »Wasser *nie* auf Säure, sonst geschieht das Ungeheure!«
- Waschwasser zum Händeabspülen bereitstellen!
- Stets Versuche an wertlosem, aber gleichartigem Material machen und Gummihandschuhe tragen.

- Für Abluft sorgen oder am besten im Freien arbeiten!
- Behandelte Stücke anschließend gut wässern!
- Chemische Behandlung spart Arbeit und Kraft; sie schützt die Fossilien zudem vor mechanischen Beschädigungen.
- Geeignete Gefäße verwenden: keine Metall- und Emailgefäße; besser sind Kunststoffgefäße.
- *Das Anätzen* bewirkt das schärfere Hervortreten der Fossilien aus ihren Einbettungsgesteinen. Es ist stets *die* Säure zu wählen, die das Fossil nicht angreift!
- Verkalkte Stücke mit Kieselfossilien werden mit kalter, verdünnter Salzsäure (HCl) oder besser mit Essigsäure (CH_3COOH) oder mit Monochloressigsäure (CH_2ClOOH) behandelt. Bei zu hoher Konzentration reißen aufsteigende Bläschen empfindliche Teile ab. Stellen, die nicht angegriffen werden sollen, müssen »reserviert« werden: mit Batikwachs oder mit Schellack abdecken.
- Verkieseltes Material (Quarzit, Kieselschiefer, kalklosen Schiefer) ätzt man mit Flußsäure (Fluorwasserstoffsäure), warm oder kalt. Vorher sollte man etwaige Kalkauflagen mit Salzsäure (s.o.) abätzen, weil sie sonst mit Flußsäure ein unlösliches Kalziumfluorid bilden. Ätzdauer und Säurekonzentration (im Handel: 40 %) erprobe man je nach Material. Anschließend gründlich warm spülen! **Achtung!** Fluorwasserstoffdämpfe sind gefährlich! Kunststoffbehälter aus Polystyrol oder Polyäthylen verwenden! Für gute Abluft sorgen!

Gute Erfolge erzielt man auf billige

und einfache Art mit den im Haushalt üblichen Wasserenthärtern und Kalkentfernern wie CALGON! Das darin enthaltene Grahamsche Salz ($NaPO_3$) wirkt heftig ein. Es bewähren sich auch die bekannten OO-Reiniger. Vorversuche voranschicken!

13. Auflösen des Einbettungsgesteins

Will man den Gesamtbestand an Fossilien der Gesteinsmasse entnehmen, so löst man den Stein völlig auf. Meist wird es sich um Klein- und Mikrofossilien handeln, die so gewonnen werden. *Mergel oder Schiefertone* lösen sich binnen 24 Std. in konzentrierter Kalilauge (KOH) auf; kalkige oder kieselige Fossilien werden nicht angegriffen. Vorsichtiges Erhitzen fördert die Auflösung.

Achtung! Wegen der kräftigen Ätzwirkung Gummihandschuhe tragen und die Augen schützen!

Örtliche Bearbeitung mergeligen oder tonigen Materials erfolgt mit Kaliumoxid (K_2O): aufbringen und mehrere Stunden einwirken lassen, dann gründlich abbürsten.

Versuche können auch mit Natronlauge (NaOH) angestellt werden. *Schiefertone* lassen sich in Wasserstoffperoxid (H_2O_2) auflösen. *Kalke* werden mit 15%iger Essigsäure behandelt; lösungsverzögernde Salze mit 15%iger Ameisensäure (HCOOH) zu Boden bringen.

14. Sonstige Präpariermethoden und -werkzeuge (Abb. 48)

Zum Entfernen kleiner Gesteinssplitter und -reste eignen sich *Zangen* mit langen Schenkeln und scharfen Schneiden wie Mosaikzangen, Fliesenlegerzangen und langbackige Nadelzangen.

Vorzüglich arbeitet man mit der *biegsamen Welle,* die von einer Heimwerkermaschine (Bohrmaschine) oder von einem *Hängemotor* angetrieben wird. Hervorragend geeignet: die alten »nervtötenden« Zahnarzt-Bohrmaschinen! Einsatzwerkzeuge wie Stahl- und Messingdrahtbürsten, Korundtrennscheiben, Kreissägeblätter sowie verschiedenartige Fräs- und Schleifköpfe – ja sogar kleine Präparier-Schlagmeißel können in entsprechende Handstücke für drehende oder für hämmernde Werkzeuge gespannt werden.

Achtung! Bei rotierenden Werkzeugen die Fossilien *nicht auf textile Unterlagen* legen (Gefahr des Aufwickelns!).

Biegsame Wellen gibt es mit 11 Einsätzen bereits ab 40 DM; Hängemotoren mit umfangreichem Zubehör kosten etwa 800 DM.

Lupenstative geben uns die Hände für die Arbeit frei. Abb. 48 zeigt ein Eigenbaumodell. Auch Binokular-*Kopflupen* (hochklappbar und mit Wechseloptik) sind eine große Hilfe.

Steine sägen: Ein spezieller Hartmetall-Sägedraht kann in jeden Metallsägebogen gespannt werden. Er ist hartmetallbestückt und deshalb ungewöhnlich standfest (20 DM). Die »Mini-Hack«-Säge arbeitet mit einseitig freiem Blatt.

Wunschtraum: eine Steinbearbeitungsmaschine! Die hohen Kosten von 600 bis 1 000 DM lassen sich höchstens von mehreren gemeinsam tragen.

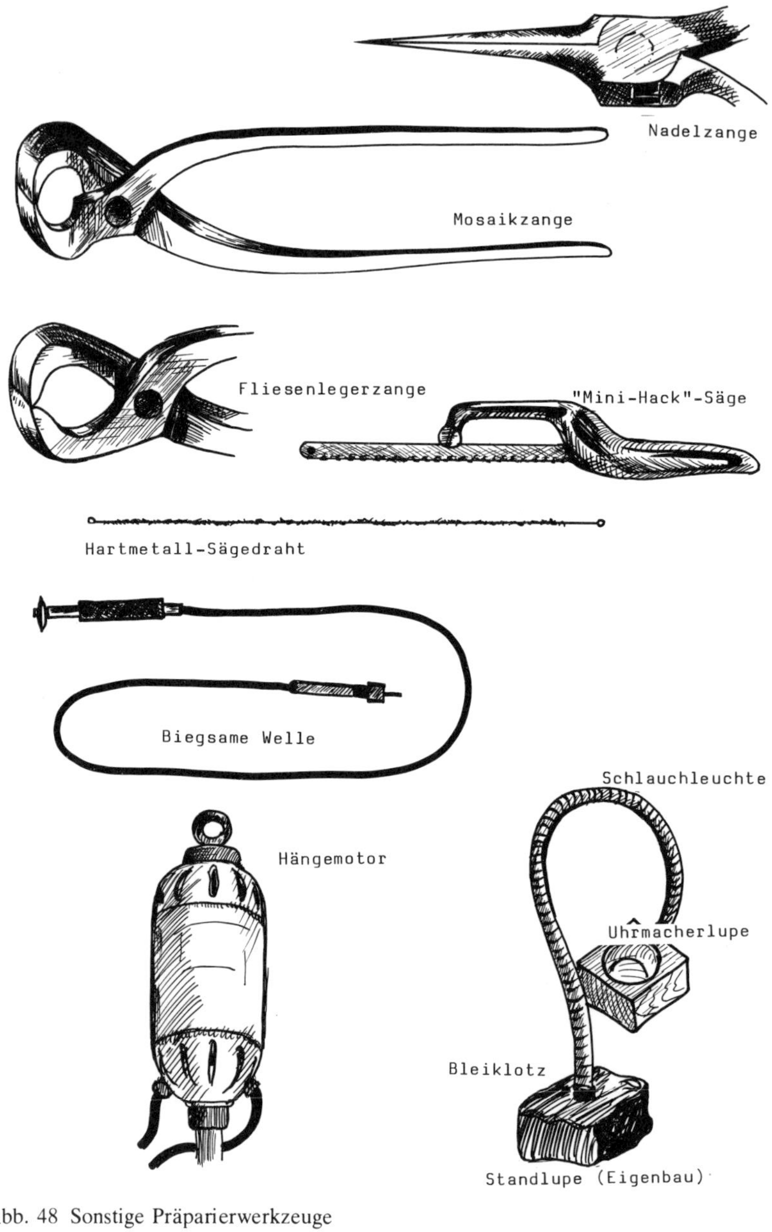

Abb. 48 Sonstige Präparierwerkzeuge

VIII. Bestimmen von Fossilien

1. Keine Angst vor großen Namen!

Nach dem Suchen, Finden, Bergen und Präparieren folgt die schwierige Aufgabe des Bestimmens. Sicher haben vollendet schöne Stücke schon »namenlos« ihren Wert – wirklichen (wissenschaftlichen und kommerziellen) Wert erlangen sie erst durch möglichst genaue und vor allem richtige und weitgehende Zuordnung und Benennung. Damit kann man sich Zeit lassen, wenn die Notizen am Fundort (vgl. S. 83) gründlich vorgenommen worden sind.

Grundsätzlich bereiten bruchstückhafte und deshalb rekonstruktionsbedürftige Funde, Formveränderungen (Verzerrungen) und die vielfältigen stofflichen Umwandlungen Schwierigkeiten bei der Bestimmung. Man benenne lieber nur das, was man sicher erkannt hat; Fehlbestimmungen entwerten die ganze Sammlung.

Grobe Zuordnungsgesichtspunkte

1. Zugehörigkeit zu einer klar abgegrenzten geologischen Einheit (Beziehung des Fundpunktes zum geologischen System, z. B. Oberer Lias)
2. Kenntnis der Gestalt der ehemaligen Lebewesen (Morphologie; griechisch *morphe* = Gestalt)
3. Einordnung in das System der Lebewesen (Klassifizierung nach dem taxonomischen System des schwedischen Naturforschers Karl von Linnaeus/Linné 1707–1778):

a) Pflanzen (Plantae)	b) Tiere (Animalia)

Jedes der beiden Reiche wird weiter unterteilt in

Stämme, Klassen, Ordungen, Familien, Gattungen und Arten.

Weil aber auch diese Untergliederungen den natürlichen Verhältnissen noch nicht gerecht werden, unterteilt man weiter. So gliedert man z. B. die Familien weiter auf, an den lateinischen Endungen erkennbar:

	Pflanzen	Tiere
Über-/Oberfamilien		-oidea
Familien	-aceae	-idae
Unterfamilien	-oideae	-inae
Tribus (lat.=Stamm)	-eae	-ini
Untertribus	-inae	

Fossilien werden (wie allgemein seit Linné üblich) mit den international gebräuchlichen und deshalb unverwechselbaren lateinischen Doppelbezeichnungen versehen (binominale Nomenklatur); als Zusätze können der Forschername und das Jahr der Erstbeschreibung folgen: *Homo sapiens* LINNAEUS 1758.

2. Schwierigkeiten bei der Fossilbestimmung

Während zur Artenbestimmung gegenwärtig lebender Tiere vor allem das Aussehen und die unter natürlichen Bedingungen mögliche fruchtbare Kreuzbarkeit herangezogen werden, können wir uns bei Fossilien lediglich auf die wenigen äußeren Merkmale der oft unvollständig überlieferten fossilen Hartteile stützen. Oft ist es nur Spezialisten möglich, in Einzelheiten gehende Bestimmungen auszuführen. Man bedenke, daß es rund eine Viertelmillion Gattungsunterschiede aller bisher gefundenen Fossilien gibt!

Für den Anfang bietet der Vergleich der eigenen Funde mit entsprechenden Stücken in gut bestimmten Sammlungen und Museen oder auch der Vergleich mit Zeichnungen und Fotos in Bestimmungsbüchern die beste Hilfe. Schrittweise wird das eigene Bestimmungsvermögen wachsen. Vor allem ziehe man Spezialliteratur hinzu, z. B. *Lehmann, Ammoniten* (Literaturangaben S. 116).

3. Wie bewahrt man Fossilien auf?

Hier ist dem Sammler weitgehend freie Hand gelassen.

Einige allgemeine Tips: Fundmengen »filtern«: Sammeln besteht zu 90 Prozent aus *Wegwerfen!* Für Trockenheit sorgen! Feuchtigkeitssucht (Hygroskopie) mancher Fossilien führt sonst zu Zerfall und Ausblühungen. Für *dauerhafte Beschriftung* sorgen: anlösende Tuschen, Permanentschreiber oder dokumentenechte Schreiber verwenden. Auf dunklen Flächen weißen Lacktupfer auftragen, darauf beschriften; Namen durch farblosen Lack schützen.

Klebe-Etiketten mit stark haften-

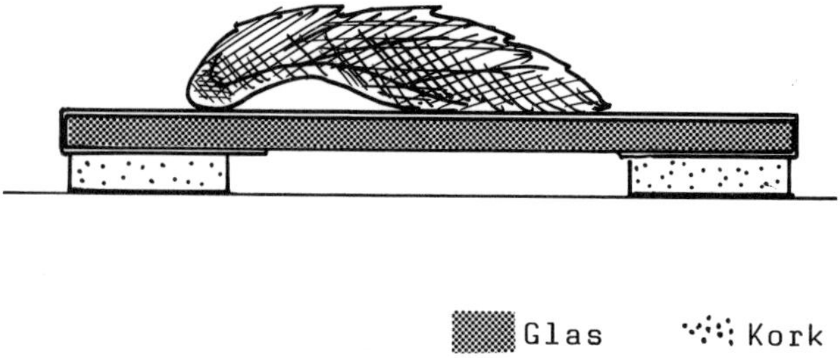

Abb. 49 Trägerplatte

der Dauerklebeschicht anbringen (DU-RO-DX oder – noch viel stärker klebend – TEX-DURO-DX von JAC).

Glas und Kunststoff statt Holz und Pappe verwenden.

Spezialisieren! »Universalsammlungen« zeigen alles und nichts. Für uns kommen *Regional*sammlungen (z. B. Fossilien des Elmkalks) oder *Lokal*sammlungen (Fossilien der Destedter Kalke) in Frage; Spezialsammlungen überlassen wir den Fachinstituten.

Die Unterbringung von Anfang an *großzügig* planen!

Für *Staubschutz* sorgen und weiche Staubpinsel verwenden!

Besondere Schaustücke in *Vitrinen* ausstellen und mit gerichtetem, weichem Licht von Spots ausleuchten.

Polsterung für empfindliche Stücke: Filz, Styropor.

Fixierung auf der Trägerplatte (Abb. 49): in der Schachtel festkleben. Bei wertvoller Rück- oder Unterseite: mit Alleskleber blasenfrei auf eine kleine Glasscheibe kleben, mit Klebeband einfassen. Schutzhaube: Schrumpffolie.

Ergänzende Materialien sammeln: Texte über Fundstellen, Fotos und Dias, Karten, Fachliteratur, Listen usw.

Sammlungsschränke oder -regale oder Kombinationen eignen sich gut für die Unterbringung der Fossilien. Man muß von Fall zu Fall entscheiden, ob man sie in Wohnräume integrieren will oder ob sie in Arbeits- oder gar Kellerräumen aufgestellt werden; danach richtet sich der Aufwand für das Äußere – auch die Frage, ob man die Möbel kauft oder selbst baut. Folgende Hinweise müssen aber auf alle Fälle beachtet werden:

Die Schränke müssen *absolut standfest* sein! Wegen der insgesamt gewaltigen Lasten darf der Fußboden nicht nachgeben! Häufig wird nicht beachtet, daß der Schrank bei ausgezogenen Schüben leicht Übergewicht nach vorn bekommen kann. Man schraube den Schrank*körper* (nicht die Rückwand!) stabil an der Wand fest. – Die Schränke sollen möglichst *staubsicher* sein. Die *Schübe* dürfen wegen der Gesteinsgewichte ein Maß von 50 mal 50 cm nicht überschreiten. Sie können als Tabletts oder als Schubkästen mit einigen Zentimetern Bordhöhe ausgeführt sein; die nutzbare Höhe sollte bei 5 bis 10 cm liegen, aber einige Fächer können höhere Maße haben.

Jedes Fossil gehört in einen gesonderten *Kasten* (Box). Klarsichtbehälter aus Polystyrol mit Stülpdeckel können in zueinander passenden Normgrößen gekauft werden. Wer leere Behälter von Farbbändern, Tonbandcassetten-Boxen, Abpackkästchen für Nägel und ähnliche Behälter sammelt, spart viel Geld.

Besondere Sortimentskästen (»Besteckkästen«) aus glasklarem Polystyrol mit Deckel und diversen, z.T. veränderbaren Unterteilungen eigenen sich besonders gut zur Unterbringung kleiner Fossilien.

4. Fossilien-Karteikarten

Nach Möglichkeit führe man *doppelte Bestimmungsunterlagen;* ein Exemplar kommt in den Fossilienbehälter, eins als Karteikarte in die Kartei. Fossil und Karte bekommen dieselbe Nummer; individuell entwickle man auch hier je nach Bedarf geeignete »taktische« Zeichen: 12 könnte heißen »Pflanzenfossil 12«, 27 = »Tierfossil 27 « usw. (siehe Muster in Abb. 50).

Die Rückseite kann für Skizzen und ausführlichere Notizen, auch zum Aufkleben kleiner Texte dienen. Alle unsicheren, vorläufigen Ergebnisse (vor al-

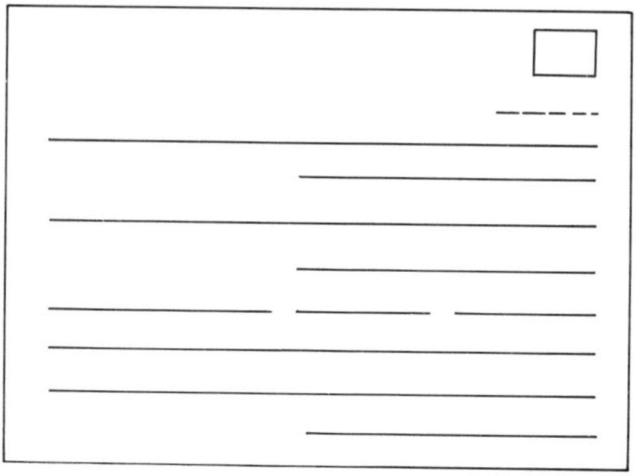

Tier- oder Pflanzenfossil?
lfd. Nr.
Standort (Kasten)
Gattung/Art
Name des Erstbestimmenden
Schichtbezeichnung (Abteilung/Stufe/Zone)
Begleitgestein
Fundstelle: Ort, Aufschluß, Karte...
Funddatum, Präparationsvermerk
Finder oder Herkunft
Bestimmungshilfe(n)

Abb. 50 Muster einer Fossilien-Karteikarte

lem bei der Bestimmung) werden mit Bleistift geschrieben.

In der Spalte »Finder oder Herkunft« kann man eintragen, ob es sich um einen Fund von eigener Hand oder um eine Erwerbung handelt. Brauchbare Abkürzungen sind hierbei seit altersher

leg. lat. = *legitur* (es wurde gesammelt)
ded. lat. = *deditur* (es wurde gegeben)
i. leg. lat. = *ipse legit* (selbst gesammelt)
det. lat. = *determinatur* (es wurde bestimmt)

Man gebe Helfer, Bücher oder Sammlungen an, die man zu Rate gezogen hat, damit man die Bestimmung notfalls ohne Mühe kontrollieren kann.

Die Karteikarten braucht man sich nicht unbedingt vordrucken zu lassen; wenn man sich eine »Leitkarteikarte« mit der gültigen Einteilung bereitlegt, kann man die Eintragungen auch freihändig an die richtige Stelle bringen.

5. Das Fotografieren von Fossilien

Wir können schon im Aufschluß die Lagerungsverhältnisse der Fossilien durch ein gutes Farbfoto oder durch ein Farbdia dokumentieren und damit eine Zeichnung sparen. Mit einer guten Spiegelreflex-Kleinbildkamera können wir ohne weiteres Zubehör bis auf etwa 1 m an das Objekt »herangehen«. Im *Nahbereich* werden *Vorsatzlinsen* verwendet (zweifach, dreifach und zwei/dreifach kombiniert, vgl. Abb. 51). Auch mit *Zwischenringen* erzielt man bei normalen Lichtverhältnissen »aus der Hand« im Freien erstaunlich gute Aufnahmen. Besser ist es, wenn man Nahaufnahmen zu Hause in Ruhe anfertigt und *Reprostative* verwendet. Die besten Aufnahmen mit dem größten Vergrößerungseffekt und der genauesten Scharfeinstellung erzielen wir mit einem *Balgengerät*. Gute Fotofach-

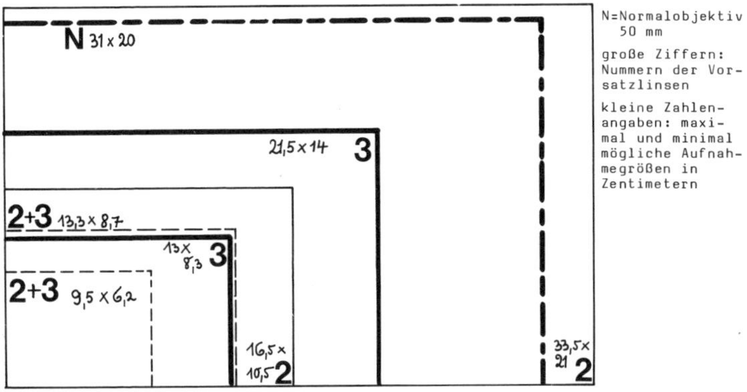

Abb. 51 Tabelle für Nahaufnahmen mit Vorsatzlinsen

händler beraten uns bei der Auswahl der geeignetsten Ausrüstung.

Bei Nahaufnahmen muß man die relativ geringe *Tiefenschärfe* beachten: Belichtungszeit möglichst verlängern, kleine Blende verwenden; Objektive mit kurzen Brennweiten ergeben größere Tiefenschärfe. Auch die *Belichtung* ist sorgsam zu prüfen. Ein scharfes, gerichtetes Licht kann alle feinen Schatten und Konturen abschwächen oder gar aufheben; gestreutes, möglicherweise gedämpftes Tageslicht läßt dagegen alle Einzelheiten klar hervortreten. Über Nahaufnahmen gibt es gute Fachbücher (siehe Literaturliste S. 117, *Croy*).

Leider werden wir wegen der oben dargestellten Ausleuchtungsverhältnisse meistens auf Blitzlicht-Aufnahmen verzichten müssen. Untergründe passen wir dem Gesteinston an.

6. Abdrücke, Abgüsse und Einbettungen

Flache Fossilabdrücke *ohne Unterschneidungen* kann man mit FIMOIK-Knetmasse abformen; anschließend kann der Abdruck im Backofen gehärtet werden. Bei Gipsabdrücken gibt man zum Gips etwas Tapetenkleister hinzu, damit er bruchfester wird; dadurch verlängert sich allerdings die Abbindezeit. Bei Abdrücken und Abgüssen bestreiche man das Original vorsichtig mit einem milden Abwaschmittel als Trenn- und Schutzschicht. Bei Unterschneidungen nahm man früher die Guttapercha (ein Kautschukprodukt). Sie wird bei 60 Grad C weich und löst sich in organischen Lösemitteln wie Terpentin oder Schwefelkohlenstoff. Heute verwendet man *Silikonkautschuk*. Er dringt gut in tiefe Hohlräume ein, kann in einem Zuge massig aufgetragen werden und läßt sich nach dem

Aushärten dennoch gut abnehmen. Kaltvulkanisierender Silikonkautschuk ist auch ein hervorragendes Material für Duplikat-Abgußformen; Lieferant der Materialien und guter Anleitungen: Wacker-Chemie (Anschrift siehe S. 113).

Einbettungen von Fossilien in *Gießharz* ermöglichen die bruchsichere Aufbewahrung empfindlicher Stücke; feuchtigkeitsanfällige Fossilien werden zuverlässig luftdicht abgeschlossen. Durch Proben muß man auf jeden Fall vorher feststellen, ob das Fossil Farbstoffe an die Kunststoffmasse abgibt; Lias-Roteisenerze färben das Harz z.B. stark ein! Das Fossil muß in diesem Fall mit einer dünnen Harzschicht umgeben und erst dann voll eingebettet werden. Material und Anleitungen: VOSS. In der DDR werden Bernsteininklusen in Massenproduktion täuschend ähnlich nachgeahmt (VEB Ostseeschmuck, Ribnitz-Damgarten).

IX. Soll man Fossilien kaufen?

Kein Briefmarkensammler wird sich allein darauf verlassen, nur die Marken zu sammeln, die ihm ins Haus flattern. Kauf und Verkauf, Tausch und Schenkung sind dort übliche Verfahren. Dem Fossiliensammler wird es auch nicht gelingen, Stücke aus aller Welt allein zusammenzutragen. Zweifellos besitzen selbstgesammelte Fossilien den höchsten »persönlichen« Wert, aber wer kann schon Fossilien eigenhändig aus Brasilien, Australien, der Sahara oder Kanada herbeischaffen? Auch im eigenen Lande hindern uns Sperrgebiete und Privatinteressen oft an der freien Fossilsuche, so daß der Kauf ein legitimes Mittel zur Erweiterung der Sammlung ist.

Auch gegen den Weiterverkauf selbstgesammelter, überzähliger Fossilien ist nichts einzuwenden:

»Daß sich bei systematischem Erwerb oft genug auch kommerzielle Interessen einstellen, kann nicht verschwiegen, aber auch nicht verurteilt werden . . . Hier auf den Amateurstatus zu pochen, wäre ebenso heuchlerisch wie etwa beim Spitzensport.« (Wilhelm Simon, AUFSCHLUSS 3/76, S. 69).

Leider gibt es nicht nur seriöse Händler und Weiterverkäufer, wie man immer wieder auf Börsen sehen kann. Manche haben regelrechte Reviere, die sie abgrasen und ausschlachten; so waren jüngst »Räuber« aus der Schweiz in einem Bruch bei Kleinkems als Sprengstoffhelden unterwegs!

Ein positives Beispiel sinnvoller (auch geschmackvoller) Vermarktung afrikanischer Fossilplatten zu Schaustücken und Tischplatten mit imponierenden Ausmaßen bietet die Firma Ronald Schmitt mit der »Galerie fossile«. Einmalig schöne Sahara-Fossilien werden in günstigem Plattenschnitt und sorgfältig poliert verkauft.

X. Anschriftenverzeichnis

Führungen, Pfade, Veranstaltungen:

Gebiet Fichtelgebirge im Fremdenverkehrsverband Franken, Schillerstraße 1, 8672 Selb

Gemeinde Solnhofen, Postfach 49, 8831 Solnhofen

Weiterführendes Studium an der Technischen Universität Clausthal-Zellerfeld, Geschäftsstelle Osteröder Straße 6, 3392 Clausthal-Zellerfeld

Verkehrsamt Gerolstein, Am Brunnenplatz, Postfach 1120, 5530 Gerolstein

Kur- und Verkehrsamt Daun, Leopoldstr. 14, 5568 Daun (Eifel)

Studienfahrten Prof. Kutscher, Theatinerstr. 35, 8000 München 2

»Schefenacker-Reisen«, Postfach 545, 7300 Esslingen

Harzer Verkehrsverband, Marktstraße 45, 3380 Goslar 1

Kur- und Verkehrsamt Blankenheim, Rathaus, 5378 Blankenheim

Landratsamt Schwarzwald-Baar-Kreis, Kaiserring 2, 7730 Villingen-Schwenningen

Kreisverkehrsamt Weißenburg-Gunzenhausen, Postfach 200, 8820 Gunzenhausen

Fremdenverkehrsverband Neckarland-Schwaben, Charlottenplatz 17, 7000 Stuttgart 1 oder Theaterstraße 9, 6900 Heidelberg

Stadtverwaltung Markt Heiligenstadt, 8551 Heiligenstadt Ofr.

Geschäftsstelle der Arbeitsgemeinschaft Hobby-Geologie, Verkehrsamt, 7715 Bräunlingen

Bürgermeisteramt Steinheim am Albuch, 7924 Steinheim am Albuch

Museen, Sammlungen

Naturkundliches Museum auf der Willibald, 8833 Eichstädt

Sammlung Otto Klages, Sack 1, 3308 Königslutter/Elm

Institut und Museum für Geologie und Paläontologie der Universität Tübingen, Sigwartstraße 10, 7400 Tübingen

Geologisch-Paläontologisches Museum, Marktplatz 30, 7080 Aalen

Naturkundeverein und Städtisches Museum, Johannisplatz 3, 7070 Schwäb. Gmünd

Vereine/Vereinigungen

Vereinigung der Freunde der Mineralogie und Geologie (VFMG) e. V., Blumenthalstr. 40, 6900 Heidelberg

Verein der Fossilienfreunde, Grube Herrenberg, 6571 Bundenbach
Verein Naturpark Altmühltal e. V., Landratsamt, 8832 Weißenburg

Firmenanschriften

Ronald Schmitt, Tische, Gütschowstr. 12, 6930 Eberbach/N.
Chemische Fabrik Klaus-W. Voss, Verfahrenstechnik und anwendungstechnische Beratung für kalthärtende Kunststoffe, Esinger Steinweg 50, 2082 Uetersen
Wacker-Chemie GmbH, Prinzregentenstraße 22, 8000 München 22
Kosmos-Service, Pfizerstr. 5–7, Postf. 640, 7000 Stuttgart 1
Fa. Walter Brasch, Werkzeuge, Postfach 120 540, 5630 Remscheid 1
Jac-Klebe-Etiketten, Fa. Jackstädt, Postf. 130 236, 5600 Wuppertal
Emo-Optik Arthur Seibert, Postfach 1 469, 6330 Wetzlar

Ämter und Behörden:

a) Geologische Landesämter (in Bayern: Bayer. Geolog. Landesamt)
b) Landesvermessungsämter

Baden-Württemberg:
a) Albertstraße 5, 7800 Freiburg im Breisgau
b) Landesvermessungsamt, Büchsenstraße 54, 7000 Stuttgart 1

Bayern:
a) Prinzregentenstraße 28, 8000 München 22
b) Bayerisches Landesvermessungsamt, Alexandrastr. 4, 8000 München 22

Hamburg:
a) Oberstraße 88, 2000 Hamburg 13
b) Freie und Hansestadt Hamburg, Baubehörde, Vermessungsamt, Wexstr. 7, Postfach 300 531, 2000 Hamburg 36

Nordrhein-Westfalen:
a) De-Greiff-Straße 195, Postfach 1 080, 4150 Krefeld
b) Muffendorfer Straße 19–21, Postfach 205 007, 5300 Bonn 2

Rheinland-Pfalz:
a) Emmeransstraße 36, Postfach 2 045, 6500 Mainz

b) Ferdinand-Sauerbruch-Straße 15, Postfach 1 428, 5400 Koblenz 1

Saarland:
a) Am Tummelplatz 7, 6600 Saarbrücken
b) Neugrabenweg 2, 6600 Saarbrücken

Schleswig-Holstein:
a) Mercatorstraße 7, Postfach 5 049, 2300 Kiel-Wik
b) Mercatorstraße 1, 2300 Kiel-Wik

Niedersachsen:
a) Bundesanstalt für Geowissenschaften und Rohstoffe und Niedersächsisches Landesamt für Bodenforschung
Verzeichnis: Stilleweg 2, Postfach 510 153, 3000 Hannover 51
Kartenauslieferung: Geo-Center Internationales Landkartenhaus
Honigwiesenstraße 25, Postfach 800 507, 7000 Stuttgart 80
Schriftenauslieferung: örtlicher Buchhandel oder
E. Schweizerbart'sche Verlagsbuchhandlung, Johannesstr. 34, 7000 Stuttgart 1

Hessen:
a) Hessisches Landesamt für Bodenforschung, Leberberg 9, 6200 Wiesbaden
b) Schaperstraße 16, Postfach 3 249, 6200 Wiesbaden 1

Berlin:
b) Senator für Bau- und Wohnungswesen, Abteilung V (Vermessungswesen), Mansfelder Straße 16, 1000 Berlin 31

Bremen:
b) Kataster- und Vermessungsverwaltung, Große Weserbrücke 4, 2800 Bremen 1

XI. Weiterführende Literatur

Die hier aufgeführten Bücher können Sie (um Kosten zu sparen) im *»Auswärtigen Leihverkehr«* in Ihrer Stadtbücherei bekommen; Zeitschriftenartikel werden Ihnen meist (u. U. kostenlos) als Fotokopie zugehen. Selbstverständlich wird man sich sehr bald immer wieder benötigte Bücher anschaffen. Die vor allem empfohlenen Bücher sind mit einem × gekennzeichnet. Anschriften von Gemeinden siehe Seite 112.

Allgemeine Grundlagen

Thenius, Erich, Paläontologie. Die Geschichte unserer Tier- und Pflanzenwelt. Kosmos-Studienbücher, Franckh'sche Verlagshandlung Stuttgart

× *Vangerow, E.-F.,* Grundriß der Paläontologie. Teubner Studienbücher. Biologie, Teubner, Stuttgart

× *Lehmann, Ulrich,* Paläontologisches Wörterbuch. Ferdinand Enke Verlag, Stuttgart

Murawski, H., Geologisches Wörterbuch. Enke, Stuttgart

× *Wagner, Georg,* Einführung in die Erd- und Landschaftsgeschichte. Hohenloh'sche Buchhandlung Ferdinand Rau, Öhringen

Der Deutsche Museumsführer. Hg.: *Klemens Mörmann* Verlag Wolfgang Krüger, Frankfurt am Main

Suchen, bestimmen, präparieren

Wegner, Horst, Der Fossiliensammler. Ott Verlag, Thun und München

× *Fraas, E.,* Der Petrefaktensammler. Lutz Verlag, Stuttgart

Kirkaldy, J. F., Fossilien in Farbe. Otto Maier, Ravensburg

Woolley/Bishop/Hailton, Der Kosmos-Steinführer. Mineralien-Gesteine-Fossilien. 600 Objekte in Farbe, 300 Zeichnungen. Franckh'sche Verlagshandlung, Stuttgart

× *Moody, Richard,* Fossilien erkennen. 220 wichtige und verbreitete Fossilien in Farbe. Franckh'sche Verlagshandlung, Stuttgart

× *Beurlen, Karl,* Welche Versteinerung ist das? Tabellen zum Bestimmen von Versteinerungen Mitteleuropas. Franckh'sche Verlagshandlung, Stuttgart

Lichter, Gerhard, Fossilien bergen, präparieren und ausstellen. Kosmos. Handbuch für die praktische naturwissenschaftliche Arbeit. Franckh'sche Verlagshandlung, Stuttgart

× *Krumbiegel, G. und Walther, H.*, Fossilien. Sammeln, präparieren, bestimmen, auswerten. Deutscher Taschenbuchverlag dtv, Stuttgart

Spezielle Werke

Lehmann, Ulrich, Ammoniten. Ihr Leben und ihre Umwelt. Stuttgart

Hardt, Herbert, In Erz umgewandelte Tiere und Pflanzen. Die Neue Brehm-Bücherei. A. Ziemsen Verlag, Wittenberg-Lutherstadt

Regionale und lokale Untersuchungen

× *Geologischer Pfad Schwäbisch Gmünd-Hohenrechberg.* Einführung in Landschaftsgeschichte und Landschaftsformen der östlichen Schwäbischen Alb und des Albvorlandes. Naturkundeverein Schwäbisch Gmünd

× *Der geologische Wanderweg im Steinheimer Becken.* Herausgeber Meteorkratermuseum und Gemeinde Steinheim a. Albuch

Erläuterungen zur Geologischen Übersichtskarte der EIFEL bearb. von Ahrens und Schmidt, Stollfuß Verlag, Bonn

× *Sammlung geologischer Führer.* Herausg.: Prof. Dr. Gwinner. (Bände 1–36 vor dem Krieg erschienen und vergriffen) Bände ab 37 (werden laufend fortgesetzt); geologische Karten z. T. gesondert zu beziehen! Verlag Gebr. Bornträger Berlin-Stuttgart

Hauff, B. Holzmadenbuch. Hohenloh'sche Buchhandlung F. Rau, Öhringen

Theiss, Ottilie: Fossilien im Bundenbacher Schiefer. Herausg.: Gemeinde Bundenbach 1980

Kuhn, Oskar, Die Tierwelt des Solnhofener Schiefers. Die Neue Brehm-Bücherei. A. Ziemsen Verlag, Wittenberg-Lutherstadt

Dohm, B., Die geologischen Verhältnisse im Landkreis Daun in der Vulkaneifel. Görres Verlag, Koblenz

Trinkle, Winfried, Die Geologie im Landkreis Schwäbisch Gmünd. Schwäbisch Gmünd 1972

Zeitschriften, Sonderbände

× *Der Aufschluß*. Zeitschrift für die Freunde der Mineralogie und Geologie (monatlich). Vereinigung der Freunde der Mineralogie und Geologie Blumenthalstraße 40, 6900 Heidelberg 1 (bei Mitgliedschaft im Jahresbeitrag enthalten)

Sonderbände *Der Aufschluß* (1 bis 22 vergriffen!)

Nr. 26 Oberpfalz
Nr. 27 Odenwald
Nr. 28 Göttingen
Nr. 30 Koblenz/Hunsrück/Osteifel

Mineralien-Magazin (monatlich). Kosmos-Verlag, Postfach 640, 7000 Stuttgart 1. (Mit dem Abonnement erwirbt man die Mitgliedschaft in der KOSMOS Gesellschaft der Naturfreunde!)

Empfehlung: Probehefte der Zeitschriften unverbindlich anfordern!

Kunststoffverarbeitung

Voss, Klaus-W. Eingießtechnik mit Polyester. Selbstverlag

Braun, Egon, Kaltvulkanisierender Siliconkautschuk, ein wunderbares Material für den Heimwerker. Sonderdruck aus der Hauszeitschrift der Wacker-Chemie »Werk und Wirken« Nr. 10, Nov. 1973, München

Fotografieren

Croy, Otto, Alles über Nahaufnahmen. Neue Aufnahme-Objekte – nah gesehen. Goldmann Ratgeber Nr. 780

Karten

RV Reise- und Verkehrsverlag GmbH
1000 Berlin 30 Lützowstraße 105
7000 Stuttgart 80 Schockenriedstr. 40a